Tere Remolina, Becky Rubinstein
e Isabel Suárez

Tradiciones de México

SELECTOR
actualidad editorial

SELECTOR
actualidad editorial
Doctor Erazo 120 Colonia Doctores 06720 México, D.F.
Tel. 55 88 72 72 Fax. 57 61 57 16

TRADICIONES DE MÉXICO
Autoras: María Teresa Remolina López, Becky Rubinstein
Wolojviañsky, María Luisa Isabel Suárez de la Prida
Colección: Cultural

Diseño de portada: Kathya Martha Rodríguez Valle
Ilustración de interiores: Víctor Manuel Súlser López

D.R. © Selector, S.A. de C.V., 2004
        Doctor Erazo, 120, Col. Doctores
        C.P. 06720, México, D.F.

ISBN-10:970-643-753-3
ISBN-13:978-970-643-753-2

Cuarta reimpresiòn. Mayo 2014.

Sistema de clasificación Melvil Dewey

398.2
R516
2004

Remolina López, María Teresa; 1929. Rubinstein
Wolojviañsky, Becky; 1948. Suárez de la Prida, María
Luisa Isabel; 1918
Tradiciones de México / María Teresa Remolina López,
Becky Rubinstein Wolojviañsky, María Luisa Isabel
Suárez de la Prida. —
México, D.F.: Selector, S. A. de C.V., 2004.
144 p.
ISBN: 970-643-753-3

1. Literatura folklórica. 2. Tradiciones.
3. Tradiciones de México

Contenido

Capítulo 1
Alimentos tradicionales 7

Capítulo 2
Medicina alternativa 35

Capítulo 3
Regalos, flores y otras tradiciones 45

Capítulo 4
¡Ya llegó la música! 57

Capítulo 5
Juegos y juguetes 67

Capítulo 6
Nuestro calendario 81

Capítulo 7
Chascos 105

Capítulo 8
Días 113

Capítulo 9
Funerales 127

Apéndice
Decires, dichos y refranes 135

A todos nosotros de este lado del Bravo,
y a los que se fueron –siendo parte de
nosotros– y siguen siendo nuestros.

Capítulo 1

Alimentos tradicionales

El maíz

"Patria, tu superficie es el maíz"...[1] ha dicho, con justicia, el cantor de nuestro suelo: el maíz formó el cuerpo del hombre en la leyenda mesoamericana de la Creación.

El maíz fue el alimento por excelencia de los pueblos antiguos de esta tierra; ha sido, por los siglos, "el pan nuestro de cada día". Hoy sustenta tanto a ricos como a pobres y alegra sus mesas.

El maíz se presenta en cada casa en forma de tortillas (palabra española con que se denominaron a los delgados panes de maíz; en náhuatl, *tlazcalli*), totopos –tortilla grande y dura que se usa en las costas–, tostadas, uchepos o corundas; o gentilmente transformadas las básicas tortillas en chilaquiles o enchiladas, viudas, dobladas, enfrijoladas, entomatadas... con o sin queso, con o sin crema...

---

[1] *Suave Patria*, de Ramón López Velarde.

Y como gran final de estas delicias de nuestra cocina, no dejemos los tacos ni las quesadillas –¡los tacos, eso sí, "con mucha crema"!... las quesadillas con salsita o "a pelo"–. Entre nuestros platillos "de categoría", ahí va la torta azteca, a la par con la suculenta sopa de tortilla de restaurantes de primera.

Y no es "ajonjolí de todos los moles", ¡pero sí acompaña a todos los moles!

No quisiera olvidar los tamales de elote, de Veracruz, envueltos en acuyo bien llamado hoja santa. No quisiera callarme la delicia de los tamales grandes –costeños, chiapanecos, grandes o normales–, abundantes en carne –si no es que son de chaya o de frijoles–, cobijados como un paquete apetitoso por su brillo y su olor a hoja de plátano. No es posible ignorar los tamales, comunes en el Altiplano y parte del Pacífico, los tamales cernidos, muy batidos, suaves, ligeros, esponjosos, arropados en "hoja de tamal", ¡sí, en esas hojas con que el elote en mata viene envuelto para enseñar al hombre la modestia!

El elote

El elote lo hacemos en tortitas, en pastel, en sopa o en tamales envueltitos en hoja verde de mazorca, y en numerosos guisos y ensaladas.

El elote tierno y lechoso es un verdadero manjar que se ofrece temprano en las esquinas, gritando sus olores en humito desde una vaporera, y vuelve en las tardes, para ganarle al fresco de la noche.

El pozol o pozole

El pozole es otro de los platillos típicos de mayor tradición para celebraciones de bautizos, graduaciones, bodas, cumpleaños señalados –18, 50 años– o fechas que requieren reuniones amistosas: dígase día del médico o de la secretaria. Presente está en los eventos familiares, como el estreno de una casa, la iniciación de algún negocito, la despedida de unos parientes de visita...

Es muy rico el pozole –blanco o colorado– según sea de Guerrero o tapatío, o de Gómez Palacio, donde se hace una variante suculenta: ya cocido el maíz y descabezado, se guisa con pancita y con pata de res sin faltarle su chile, sea guajillo o de árbol...

El pozole es una de esas combinaciones acertadas del sincretismo nacional: el imprescindible maíz –*cacahuacintle* o del "mero grandote y reventón"–, guisado con cachete y oreja de marrano o cochino (palabra derivada del náhuatl, usando la raíz *cochi*, sueño, para llamarlo "el dormilón"), en caldillo espesito y sustancioso; claro, con su copete de lechuga, al que se adorna con sus rabanitos y se sazona con limón, orégano y polvito de chile...

El pozole no "va" con las tortillas comunes, se toma con totopos y también con tostadas ¡bien fritas en manteca de cerdo!

¿Y si lo acompañamos con tepache?... hmm.

El tepache es un jugo de piña fermentado, endulzado con piloncillo o con panela.

Yo prefiero tomarlo con agua de jamaica, o ¿qué tal una de tamarindo?

Otros lo toman con cerveza... ¡salud!

El atole

Es el líquido tibio, suave, dulce, con que se desayuna y se merienda en nuestras fiestas.

El fino se hace con maicena que es harina –casi polvo– de maíz escogido; hervidito con leche. El corriente o "de pueblo" se hace disolviendo "tantita masa de la de las tortillas" en un poco de agua y, una vez que se cuece, "se le pone su leche".

De fresa o de vainilla, de coco o de piña, de naranja o de canela, el atole se sirve en las tamaladas de cumpleaños y las primeras comuniones. Las "salidas de sexto" (al terminar la primaria) y las del "chorrosavo cumpleaños de la abuela", que llegó a los "chochenta".

El champurrado

Tal vez el inicial, el primitivo, el más antiguo –lo pienso por sus ingredientes cien por ciento nativos–, es un atole –¡va sin leche!– al que se le disuelven dos tablillas de chocolate... o tres... *(ver pág. 102)*.

El chocolate

¡Se inventó en México y traspasó fronteras, cruzó mares, conquistó paladares y movió corazones: se hizo universal! (sin globalizaciones, conste).

El cacao, me gustaría recordarles, se usó no como alimento de los privilegiados, sino que en la vida prehispánica sirvió como moneda.

Bueno, volviendo al chocolate, se disuelven tablillas en leche, se hierve, se bate para sacarle espuma,¡mucha espuma!, si es a la mexicana. A la francesa es un poco más claro y quieto, un poquito más dulce y con sabor a vainilla. ¿Y si es a la española?, pues es muy cargado, espeso –a veces "engordado" con bizcocho o maicena– y con su saborcito de canela...

En cualquiera de estas variedades también suele ser tradicional, pues los tamales se acompañan con atole, con champurrado, o bien, con chocolate. Los que saben de fiestas, si es que quieren lucirse, ofrecen una jarra con cada una de las olorosas bebidas.

–¿Quieres atole o te servimos champurrado? ¿Te gusta el chocolate?

–¿De qué hizo "usté" el atole, doña? Si es de coco, prefiero champurrado, gracias.

...Y si la fiesta es grande, "pomadosa", ¡grandiosa si se reparten luego los cucuruchos con palomitas de maíz! Crujientes, sabrosas, tan bellas como flores... (y se comen "a puños").

El frijol

El frijol es el acompañante tradicional del maíz.

–Más bien diremos que el frijol se acompaña con las tortillas. ¿Qué hubo?

–Dijo doña Chonita que hacen "un matrimonio de los de antes", ella sabrá por qué... tú ya me entiendes.

El frijol es, en verdad, el compañero inseparable del maíz, de los moles y de los guisados mestizos. Bayo o negro, ojo de cabra, canario o en cualquiera de sus muchas variedades; caldoso o "martajado", seco o refrito, el frijol es también tradicional, se come a diario, ¡y nunca cansa!

También los ayocotes, esos frijoles en tamaño mayúsculo, pertenecen a nuestros preferidos, guisaditos con un caldillo bien picante.

El chile

Relleno o en salsita, crudo, asado, desvenado o en rajas, en pasta o en caldillo, el chile tiene tantas variedades como gustos y está recomendado para los usos y preparación de infinidad de platillos nacionales de la gran tradición, como rajas con crema, chiles rellenos, en nogada, o de lujo; en ensalada tricolor: de rajas, crema y granos de granada.

Los más comunes son el chile serrano – "que se echa en el arroz"; perdón, también en la salsa de las albóndigas–, el jalapeño, que se presenta desvenado o

en vinagre. Hay chiles habaneros, de cera, mulatos, guajillo, poblanos, de árbol y el nombrado chilpotle, por decir algo. ¡Ah!, y cuidado con el piquín: "chiquito, pero picoso".

El jitomate o tomate

En náhuatl se llamaba jitomate o "tomate de ombligo" (de *xictli*, ombligo). Tomate fue lo que es para nosotros todavía: el tomate de cáscara o "verde". La palabra tomate se internacionalizó al ser más accesible a la mayoría de los idiomas extranjeros; por tal motivo, aprendimos a llamarle también tomate.

Bien, sería imperdonable no mencionar al jitomate como parte vital de la cocina mexicana –y aun de la internacional, con el "bacalao a la Vizcaína"–.

El tomate o pomodoro (algo como manzana de oro), pronunciado según la fonética de otras lenguas, es ya universal, envasado y procesado en otros países; para nosotros sigue siendo un alimento popular y un componente de infinidad de salsas y complementos de la comida.

Otro tanto se podría decir del aguacate, del cual conocemos algunas variedades, todas aceptables y capaces de alternar con los manjares más elaborados.

Los dos son suculentos manjares, y combinados: ¿quién no ha disfrutado del mexicanísimo y delicioso guacamole?... Por eso en el momento de pasarles lista entre nuestros alimentos tradicionales, los dos dicen: ¡presente!

Calabacitas tiernas

La calabacita es otro de nuestros alimentos desde "enantes". Sí, desde tiempos prehistóricos la calabaza se cultiva en estas tierras, al mismo tiempo que el maíz, el frijol y el chile.

La calabaza de Castilla es una variedad que apareció más tarde, pero que ya "sazona", es grande y "chapeada" (como la que se convirtió en carroza en algún cuento); nos da ricos guisados mezclándose sus trozos de atractivo amarillo anaranjado con pedazos de carne y, claro, ¡con su mole espesito!

...Y "por allá por Muertos", ¡qué deliciosa en tacha! Con guayaba, naranja y piloncillo... y qué vistosa cuando los ingredientes se echan por los ojos y boca que se le han abierto para hacerla una cara desdentada.

La flor de calabaza es rica en quesadillas, en sopa –con todo y su "velita" (el exquisito y saludable polen)–. Se combina con jitomate en salsa, chile de árbol, serrano...

Las semillas –las pepitas–, ¡secas, tostadas, saladitas!, se presentan como una golosina barata y popular.

Los chilacayotes pertenecen a esta familia –parecen una derivación o modificación de la calabaza; en náhuatl se llama algo así como "calabaza lisa"–. También entra en la lista de nuestros preferidos: cuando es tierno, va en mole de chile ancho, con queso de "morona" y bastantes tortillas.

Y cuando lo bajamos de la barda o del alero de la casa de campo, ya maduro, asoleado y compacto, ¡qué suavidad y encanto al paladar, ya hervido, deshebrado en miel de azúcar, formando los cabellos de ángel!

El nopal

Nos da tunas el nopal,
Y sus pencas, ensalada;
Nos espina algunas veces
Pero no nos pide ¡ni agua!

Dice un versito que me encontré "por ahí".

Y: "Al Nopal lo van a ver
sólo cuando tiene tunas"...

Así, como está "pencudo" y no quiere florear, no hablaremos más de él,

–... ¿Manque esté en el escudo?
– ¡Manque! Hay que ver que ya todos lo conocen...

No debemos menospreciar al nopal, máxime ahora que las comunidades de Milpa Alta lo han procesado en encurtidos y hasta en cremas faciales.

Hierbas

Ahora, una sazonadita a todo con nuestras hierbas favoritas: el cilantro, el perejil, el epazote y la hierbabuena... o para mayores lujos, el orégano, los cominos, la mejorana, el tomillo y la albahaca. ¡Qué sabores!

El arroz

¡Qué ingratitud sería la nuestra si no le diéramos su importancia al arroz! Cierto que no es nativo de América, mas es parte esencial en nuestra dieta actual, como lo fue desde la época colonial.

Originario –según se acepta en general– del sur de la India, pasó a China "hace unos 5,000 años". Se extendió hasta Japón por el Oriente y también pasó a Indochina; por el oeste llegó a Persia y a Egipto. En tiempo de Alejandro Magno se introdujo en Europa, aunque su definitiva difusión en el Mediterráneo se debe a los árabes.

Siglos después, los españoles lo trajeron a América, donde su aceptación fue unánime y sorprendente la difusión de su cultivo en todas las zonas húmedas o en aquellas cuyos caudales proveían del agua necesaria para inundar los campos.

El arroz es el platillo imprescindible en la cocina mexicana de todos los rumbos. Se come "haciendo fuertes" a los humildes "frijolitos", así como fiel acompañante de los chiles rellenos, del mole y de otros guisos tradicionales.

He escuchado comentarios como el siguiente que me parece muy significativo en cuanto a la importancia del arroz:

–Voy a ver mi arrocito, comadre, que habiendo arroz, como que ya hay comida...

O bien, el popular dicho de "este arroz ya se coció", al referirse a un asunto que está por lograrse.

También nos deleita el arroz en el muy popular postre conocido como arroz con leche, con sus rajitas de canela o su cascarita de limón...

La papa

Aunque no es mexicana y sí de origen sudamericano, la papa (o patata por corrupción lingüística, debido a su semejanza con la batata o camote) se conoció antes de la Conquista. Durante la Colonia pasó a Europa, donde después de muchos desaires fue aceptada en todos los países, tanto que ahora son famosas las "papas a la francesa", la "tortilla de patata a la española" y aún suele hablarse de nuestra aludida, llamándole "el milagro alemán" (recordando que la papa salvó al país germano de hambrunas en tiempos de guerra y en posguerras)...

Nosotros la tenemos como puré, acompañando a diversas carnes; como sopa de papa rebanada; en quesadillas, o como tortitas –muy mexicanas igualmente– amasadas con huevo y fritas en manteca (o aceite)... rellenas con rajas, con queso. Sí, la papa es un

alimento muy versátil y del gusto de la mayoría de los paladares nacionales.

El taco

Más. ¡Más! En este arco iris de sabores y formas, de imaginación y de realidades "reales" –al insistir en su presencia verdadera y constante– nos queda, como "broche de oro", su majestad el taco.

–¡Tacos, joven!

Diariamente los hacemos en casa, improvisando la tortilla enredada con el guisado, sal y mantequilla, con tuétano, con azúcar, con miel, con nata, con frijolitos "secos".

También los preparamos en serie –rellenos de chorizo, de huevo, de papa, de carnita deshebrada– para luego freírlos y presentarlos en la mesa como plato de paso o como plato fuerte.

Los hay de puestos, de fonditas, de restaurantes típicos, por todo el territorio. Los hay fuera, en los comedores nostálgicos, allende una y otra frontera, uno y otro mar...

Y casi siempre, aquí y allá, se sirven con su queso y ¡mucha crema!

¿Qué tal ahora unos tacos de chicharrón con guacamole?

El chicharrón es otro de nuestros alimentos tradicionales –aunque el origen del cerdo fue la importación colonial.

Y hablando de la aceptación y nacionalización del "dormilón", no olvidemos, en regiones distintas, las carnitas y la cochinita pibil.

Platos de mayor tradición
• De la tierra

Los platos de tradición más socorridos son el mole de guajolote, la barbacoa, las carnitas, la cochinita pibil en el sureste y el cabrito por los rumbos de Monterrey.

El guajolote o pavo –hoy navideño–, alabado por su riqueza proteínica y escasa grasa, es originario de México.

Los aztecas lo domesticaron por su excelente carne, sus magníficos huevos y su abundante, aunque delicada, descendencia. Su nombre era *hueixólotl* –más o menos algo como "viejo enojón"–. Se le llamó pavo en España; en Francia le pusieron *Dindón* –graciosa palabra resultante de la expresión *d'Ind*: (de India). Los ingleses lo llamaron *turkey* porque –como otros exóticos productos americanos– lo creyeron procedente de Turquía...

La barbacoa requiere una especie de horno subterráneo y la presencia intercalada de pencas de maguey para que el borrego o chivo que va a prepararse se convierta en sustanciosos trozos de carne "maciza".

El cabrito norteño es una preparación apetitosa hecha en forma esmerada con fuego "especial", con poco aliño, pero gran sabor.

Las carnitas típicas se elaboran en un enorme cazo de cobre, en que se fríe el puerco troceado, al cual se agregan granos de sal y se rocía agua hasta lograr su completo cocimiento.

El chicharrón se obtiene de la piel limpia y rasurada del cerdo, frita y dorada en su propia grasa.

La cochinita pibil es típica de la zona maya. Se cocina a base de achiote –sustancia colorante– preparado con hierbas finas escogidas y un acidito de vinagre.

• Del mar

En cuanto a los platillos elaborados con productos marinos, tenemos en nuestras tradiciones el ceviche –de origen peruano, introducido por Acapulco en el siglo pasado–, para el cual se mezcla el pez sierra –crudo– desmenuzado, que se "cuece" en limón. Se aliña con sal, aguacate y jitomate, ¡muy de acuerdo con los paladares mexicanos!

El pan de cazón, una especie de pirámide de tortillas enfrijoladas que se alternan con el cazón –cría muy joven de tiburón– guisado con jitomate, chile y hierbas.

Todos los peces y mariscos se preparan en muy diversas formas, según su procedencia y costumbres del lugar. Son muy apreciados, sobre todo en las costas y en las grandes ciudades, así como en los restaurantes o comedores regionales.

• Los insectos

Los insectos tampoco fueron desdeñados como alimento por los antiguos mexicanos, ni lo son ahora en diversos rumbos y niveles, aun en los restaurantes típicos de más categoría.

En familia suelen comerse en ocasiones especiales, las más de las veces para acompañar "un trago".

Tal es la suerte de los jumiles, dañinos para las plantas verdes, a las cuales chupan, como vampiros, con su "pico".

Igual ocurre con los chapulines o saltamontes, así como con los gusanos de maguey y los escamoles (hueva comestible de ciertas hormigas).

Unos de ellos asados, bien al vapor o fritos; otros crudos, todos capaces de hacer la delicia de ciertos paladares.

Bebidas nacionales
• Pulque

Aunque la bebida por excelencia fue el milenario pulque –el de la leyenda de Xóchitl, la muchachita hija del descubridor, cuyo soberano Tecpancaltzin la sedujo y determinó la caída del Imperio Tolteca– obtenida de la fermentación del aguamiel que extraen del maguey, su ingestión y efectos han sido sustituidos, poco a poco, por la cerveza, a nivel popular y aun campesino.

Hasta muy entrado el siglo xx no había pueblo, rumbo ni ciudad sin sus respectivas pulquerías. Claro, con su departamento de mujeres y una ventanilla para ventas al exterior.

A medida que los cerveceros envasaron el producto "refrescante" –al principio rechazado por su extraño sabor–, las tiendas de abarrotes, muchas de ellas vecinas de las pulquerías, los tendajones y hasta los estanquillos, provistos de las manejables, atractivas y transparentes botellas con el dorado líquido, provocaron el decaimiento y cierre de las pulquerías.

La cerveza es hoy también bebida nacional, elaborada en Toluca, en Orizaba, en nuestra Ciudad de México y en otros lugares industriales; tiene fama en el mundo y se consume en muchos países, además de México. Sabido es que se obtiene de la fermentación de la cebada con azúcar y levadura, perfumándose luego con lúpulo.

El tepache, la horchata (la auténtica de semilla de melón o las imitaciones preparadas con arroz o con maicena), con canela o con cascarita de limón; la chía, ese antiquísimo líquido, espesito, refrescante, obtenido de la semilla de la chía blanca, echada en remojo, (la chía negra, se emplea para la pintura de jícaras en Michoacán) son bebidas caseras, familiares; se encuentran muy a menudo en los puestos de las ferias de pueblo o de los barrios.

Los moscos de Tenancingo y los pálidos de Orizaba, así como el vinito de nanche, son "nadita" embriagantes. Se toman con medida. Se vendían en garrafones

en puestos de la calle; ahora sólo en algunos poblados viejos. Agradan y confortan; son de poca graduación.

Los moscos se producen y embotellan en Tenancingo, Estado de México. Son licores dulces de diversas frutas de la zona. Son famosos aun fuera del rumbo.

Los pálidos de Orizaba son infusiones de fruta o cáscara (de limón, lima o naranja) en aguardiente de caña. Se toman en vasos pequeños.

En cuanto al vinito de nanche, propio de tierras del Golfo y del Caribe, es un licorcillo a base de esta fruta (poco conocida en otras regiones), al que se le agrega "un punto" de azúcar.

El rompope es otra de nuestras bebidas consentidas; hecho con leche, huevo, azúcar, canela y, claro, su ron.

No olvidemos el café, pues donde quiera te ofrecen y te sirven un "cafecito".

• Bebidas fuertes

El mezcal es aguardiente de maguey obtenido al destilar las pencas asadas.

El mezcal de olla se envasa en unos recipientes esféricos de barro negro, lo cual refina su sabor.

El tequila es el mezcal producido en la zona de Tequila, Jalisco. Dicho mezcal se produce de un maguey especial de la región, el maguey azul (*agave tequilana*).

El aguardiente es la bebida espirituosa que se obtiene de la fermentación del jugo de caña o de algún vino destilado.

El comiteco, aguardiente producido en Comitán, Chiapas, es muy estimado y preferido por los originarios del rumbo, y por las "colonias" de chiapanecos de otras ciudades.

El tesgüino se hace de maíz prieto tostado, molido, disuelto en agua; se deja reposar varios días para que fermente. Es muy fuerte, su nombre deriva del náhuatl *tecuini*: el corazón palpita...

En cambio, el oztochi, fermentación de jugo de caña en agua, es tan suave que hasta las mujeres preñadas pueden beberlo.

• Vinos

La zona de Baja California que ve al Mar de Cortés, por un lado, y por el oeste hacia el Pacífico, produce últimamente finos vinos de mesa, a la altura de los europeos y de los chilenos.

En Zacatlán de las Manzanas, Puebla, se produce buena sidra, la espumosa bebida –dulzona o seca– originaria del noroeste de España.

Dichos de la cocina de la abuela:

Para que no digan que no hemos dicho, aquí les van unos dichos muy mexicanos –aunque algunos, de pura chiripa puedan encontrarse dentro de los dichos de otras tradiciones–. ¡Y lo dicho, dicho está!

Y mil perdones por no apegarnos a un estricto orden alfabético:

- *Estar a medios chiles* (se dice de algo a medias).
- *Plantar, dar un plantón* (no cumplir un trato).
- *Dar calabazas* (rechazar al pretendiente en amores).
- *Ponerse rojo como jitomate* (por vergüenza o incomodidad).
- *Dar atole con el dedo* (engañar al inocente).
- *Hacer de chivo los tamales* (ser infiel).
- *Estar como agua para chocolate* (algo así como estar a punto).
- *Ser baboso como nopal* (no ser especialmente listo). Ojo: también se encuentra en el mercado su equivalente femenino.
- *Caer pesado como aguacate* (dicho de nuevo e indigesto cuño: implica pesadez pero de carácter).
- *Ser plato de segunda mesa* (ser elegido como segunda o última opción, aunque no sea banquete, fiesta, convite, reunión o junta de negocios).
- *Vestirse con capas como la cebolla* (dicho de nuevo cuño, climático, que hace referencia al hombre precavido, quien frente a los cambios del tiempo viste

diferentes prendas para ponérselas o quitárselas a voluntad del clima).

- *Engordar como gallina para caldo* (de obvio y voluminoso significado).
- *Poner a fulano como camote* (maltratarlo).
- *Parecer pan con atole* (ser poco agraciado. Vamos: ser feúcho y desgarbado, digo, sin gracia).
- *Ser como la miel* (ser dulce o empalagoso).
- *Ser agrio como limón* (no todo mundo puede ser dulzón).
- *Ser largo como espagueti* (sin palabras).
- *Ser tan bueno como el pan* (obvio, muy obvio).
- *Ganarse el pan* (encontrar un oficio que lo facilite).
- *Ser del año del caldo* (no muy moderno, por cierto).
- *Ser chiquito, pero picoso* (parecer hormiga y resultar león).
- *Tronar como ejote* (mostrar enojo, insatisfacción).
- *Hacerse guaje o hacerse pato* (hacerse el tonto menospreciando al prójimo).
- *Pegarse como chicle* (no dejar a sol ni a sombra al interferido; es decir, estar pegado a las faldas o pantalones de alguien).
- *Portarse zapotito y no durazno* (ceder para no endurecerse).
- *Pasársela muele y muele* (en concreto: ser un molón que ya ni la amuela).

Y ahora una lista muy lista de refranes

- *Sólo la olla sabe lo que se está cocinando* (sólo quien lo padece sabe lo que sucede y ni siquiera la siempre comedida comadrita).
- *El que nace pa' tamal del cielo le caen las hojas* (el que es tonto, donde quiera abusan de él).
- *Aquí sólo mis chicharrones truenan* (en pocas palabras: "y sigo siendo el rey").
- *Si eso dice pan de dulce, qué dirá tortilla dura* (si así se expresa el suertudo, qué dirá el infortunado).
- *Acá las tortas* (aquí, mi valedor, soy quien soy y todo me queda guango).
- *...y en Metepec, los tacos* (respuesta directa y sin paradas para el valentón, algo así como "pararle los tacos").
- *El comal le dijo a la olla* (equivalente al que ve la paja en el ojo ajeno y no es capaz de ver una viga en el suyo).
- Para más abundancia: *"el comal le dijo a la olla/ mira qué tiznada estás/ y l'olla le contestó: '¡mírate tú por detrás!...'"*
- *Lo dirás de horchata, pero salió de chía* (se afirma de algo que no salió como se esperaba).
- *La manzana no cae lejos del árbol* (el hijo no es muy distinto a su progenitor).
- *Mientras que son peras o son manzanas* (perder el tiempo en cosas superfluas).

- *Tanto tiempo de atolera y no saberla menear* (cuando el tiempo no da experiencia).
- *Este capulín ya se heló* (se dice de algo echado a perder).
- *Este arroz ya se coció* (algo casi logrado).
- *El amor es como los pasteles: no sirven recalentados* (sin explicación).
- *¿A quién le dan pan que llore?* (nadie que se beneficie tendrá por qué quejarse).

Capítulo 2
Medicina alternativa

Tradición herbolaria

La sabiduría popular, antigua como las tradiciones, aparece en todo el territorio nacional en forma de remedios.

Aun en las grandes ciudades –antes de la visita al médico, que generalmente se hace "cuando ya no hay remedio"– siempre hay alguien que trata de ayudar cuando te quejas de tus males o sufres de molestias comunes.

Si no tienes hambre
tómate estafiate;
te duelen los pies
siéntate al revés,
y para un dolor:
ahí está el cedrón.

Aparte de versitos y dichos, si tienes malestar estomacal no falta quien te ofrezca un "tecito" de cedrón. ¡Qué bien! El cedrón es deliciosamente aromático; sabrosísimo hecho en té.

El té –o "tecito", que es más mexicano– es una infusión hecha con la flor, hierba y raíz recomendada. Se toma calientito y suele ser muy efectivo.

Si no te dan cedrón, quizá te ofrezcan una taza con hierbabuena, hojas de naranjo o manzanilla.

Cuando el mal sea por bilis, tómate hojas de tabachín como purgante o cálmate con tila, también llamada tilia. ¡Ah!, pero si la molestia se repite y sospechas parásitos, recurre al epazote o a las semillas secas de calabaza.

Si tu mal es de la garganta, hierve mercadela en leche mediada (con agua), luego cuélala y haz gárgaras.

Para la tos hay el laurel cerezo; o si la bronquitis se "emperra", puedes buscar la flor de tabachín, o bien, hacer un té de hojas de eucalipto, colarlo y beberlo caliente, despacio y con miel de abeja.

Oye, también es efectivo el ítamo, díctamo o ítamo real. Si no lo conocen por estos nombres, pide candelilla.

Como podrás imaginarte, además de la tradición prehispánica y española, entre nuestros conocimientos y remedios hay algunos de origen africano, que se sumaron durante la Colonia a las dos corrientes primarias.

La medicina mesoamericana era rica en conocimientos, mismos que aún son válidos. Muchas de sus enseñanzas han pasado a la farmacopea universal.

Los ejemplos más clásicos son la flor de manita –en francés *gantelet*, guantecito, de la cual se obtiene la sustancia conocida en la farmacopea universal como digital, usada con éxito en cardiología. Asimismo, la magnolia mexicana, *yoloxóchitl* (flor del corazón) es empleada para afecciones cardíacas.

El zoapatle o cihuapatle (cuyo significado es remedio de mujeres) es útil para producir contracciones uterinas. Cuando se usa en el posparto es de gran ayuda; mas si se usa a destiempo –antes del parto, por ejemplo– suele tener consecuencias fatales.

El repelente para insectos conocido como citronela no es más que la esencia de nuestro aromático toronjil.

Para reumas y dolores articulares se preparan hojas de marihuana con alcohol; digo, se elaboraban, pues en la actualidad no se consiguen. ¡Lástima, eran muy efectivas!

Bueno, no te apures, tenemos el zumaque.

Para las contusiones –con o sin raspaduras– encontramos el árnica.

Así, la medicina llamada alternativa es abundante en posibilidades. Sólo pondré unas cuantas de las maravillas con que contamos:

La malva cura inflamaciones, en cataplasma.

La mejorana para luxaciones y "moretones".

El nogal evita la caída del cabello.

El muitle es antianémico y contrarresta la epilepsia.

El orégano para la tos, lo mismo que la ortiga o chichicaxtle.

El tabaquillo para la digestión.

El romero no falta en los baños de las parturientas por su poder astringente y energético.

El perejil calma al instante el ardor de un piquete de abeja.

El rabanillo... ¡cuidado!, es tetanizante. Los brujos indígenas lo aplican a sus enemigos o "encargados", pues produce desórdenes mentales.

¡Otra ganguita es el toloache! (en náhuatl, *toloatzin*): venenoso y enajenante. Las hojas, en fumigación, son benéficas para la tosferina y el asma. Los farmacéuticos preparan ungüentos calmantes.

Pero administrados con maldad –de acuerdo con su tiempo de corte y tal o cual fase lunar– producen parálisis, idiotez y aun la muerte.

La homeopatía ha tomado en cuenta sus propiedades y elabora –en microdosis– tinturas para casos especiales de alienismo, parálisis y paros respiratorios.

También entre las flores "buenas" podemos citar la jamaica, refrescante y diurético leve. El gordolobo es para la tos; la borraja, anticatarral; el azahar, calmante...

Los cabellos de elote son un excelente diurético; cuyo efecto aumenta si se asocia con unas pingüicas: un tecito sabroso y eficaz.

Si alguna vez has visto a alguien con una rodajita de papa en las sienes, es un remedio bueno para los dolores de cabeza; se llaman "chiqueadores" y si se combinan con ruda "sacan el mal aire".

El temazcal

Puede ser un baño con sentido religioso, como se cree que haya sido el de las parturientas al cumplir la cuarentena. Semejante al baño ritual de las hebreas, las recién paridas asisten a un baño de purificación.

Esta tradición se ha perdido adonde han llegado las clínicas de maternidad, aunque "por conservar las buenas costumbres" se lleve a cabo cuando la madre cumple este periodo de limpieza interna y "le llega su fecha".

De esa manera, se considera –a pesar de los consejos médicos oportunos– que la mujer queda apta para un nuevo embarazo.

El temazcal puede tomarlo cualquier persona –hombre o mujer– que requiera un descanso, un intermedio en los quehaceres o una temporada de salud.

El temazcal consiste en una caseta ante cuya única puerta –pequeña y de poca altura– se halla un brasero ardiendo, para que su fuego caliente el agua que el temazcalero (bañero) rociará sobre la pedacería de astillas suaves y ramitas que cubren el piso.

Se provee al bañista de una rama de árbol para que se golpee el cuerpo, con objeto de activar la sudoración que se busca. El vapor y los "golpes de rama" determinan un sudor copioso.

Con el sudor salen los males, el cansancio y toda impureza; por eso el temazcal sigue siendo tradicional para muchos mexicanos.

Cuando el bañista recibe la señal de "cumplido", debe salir de la caseta y echarse al río vecino.

En lugares donde no hay un río cercano, el temazcalero prepara unos cubos o tinajas con agua fría y muy limpia para que la persona culmine su rito.

Los temazcales no son mixtos y el temazcalero debe pertenecer al sexo del bañista.

Si en el lugar hay espacio para varias casetas de temazcal, los asistentes se dividen por sexos y, "por delicadeza", no quedan nunca unos enfrente de otras.

Una variedad de este sistema es el temazcal con reposadero, donde las personas pueden recostarse o sentarse en sillas de lona para descansar y reponerse del desgaste del baño ritual y entonces "se echan un sueñito".

Antojos

A propósito de las parturientas, si volvemos con ellas cuatro o cinco meses atrás, las hallamos con costumbres verdaderamente tradicionales, a veces extravagantes pero comunes, como son los antojos.

Esta creencia dice que las embarazadas –perdón, retiro la palabra y digo: la que está enferma de niño, la que está esperando, la que está en estado interesante o simplemente está en estado– no pueden negarse a conseguir o comer cualquier capricho que "se les antoja" porque dañan al pequeño.

Comer fresas a medianoche porque si no... se le pintan los párpados al niño del color de la fruta...

No comer frutas bifurcadas porque le nacen hijos cuates...

Limpiarse los ojos si no atinó a voltearse cuando pasó un ciego, un cojo u otra persona impedida, con algún defecto o particularidad notoria: un gran lunar visible, el pelo albino o rojo... Y los ojos se limpian con ramitas de ruda, con flor de manzanilla o con agua bendita...

Así, la mujer "en espera" se la pasa temerosa, preocupada, dispuesta a contrarrestar los maleficios, hasta el día en que "se alivia", "compra el niño", o bien, "sale de su cuidado", aunque un médico amigo dijo, con gran acierto, que muchas veces "salen de su descuido"...

Capítulo 3
Regalos, flores y otras tradiciones

Regalos y flores

En ocasión del nacimiento, el registro o el bautismo de un bebé –algunas veces ya no tan bebé si el papá no "juntó para la fiesta"– se acostumbran determinados obsequios y flores que la tradición ha consagrado.

Para estas ceremonias, al igual que para las confirmaciones y primeras comuniones –con sus respectivas tamaladas–, los padrinos regalan el atuendo del día, de pies a cabeza, además de velas, rosarios y accesorios del caso.

Los invitados le brindan a los niños ropita, juguetes, dulces u objetos del culto, como medallas, Biblias, devocionarios, imágenes y estatuillas de santos. Y a la mamá del niño –sobre todo, en los bautizos– le llevan ramos de flores blancas, principalmente azucenas, que ella ofrecerá en el templo por la pureza y suerte del festejado, o bien, colocará en ese lugarcito de casa donde está la foto de Abue, la imagen del Corazón de Jesús o de la Virgencita de Guadalupe.

Los enamorados intercambian dulces, alhajitas más o menos costosas (perdón, unos "se van al puro papelillo": cuentas corrientes que se usan en los disfraces típicos), relojes y relicarios, collares, prendedores, "esclavas" de oro... Tradicionalmente es el enamorado el que "pide, dando". Lo indicado son cajas de chocolates, caramelos rellenos en forma de corazón, además de las ya sugeridas alhajas.

Sin embargo, las flores tradicionalmente van con las declaraciones que acompañan al pretendiente deseoso de ser correspondido en el afecto. Nardos, rosas, claveles, indican la costumbre "de ley".

Esta costumbre deriva de la que existía en varias ciudades de Asia Menor durante el siglo XVIII, mediante la cual un ramo de flores acompañaba u ocultaba ciertos objetos, extravagantes al parecer, pero portadores de un mensaje. Este fino lenguaje dejó de usarse porque permitía interpretaciones equivocadas; por ejemplo, un carbón apagado quería decir "el fuego me consume" podía tomarse como: "eres insensible, tu corazón está apagado"...

De algún modo las flores tienen todavía algún significado tradicional, sobre todo, las rosas: las de color rosado simbolizan ternura; las blancas son muestra de un amor puro y limpio; las rojas significan pasión; las amarillas, celos.

Las gardenias llevan un mensaje emotivo con su perfume, así como las azucenas y los nardos.

Las camelias impresionan por su elegancia y su belleza, los claveles son signo de un acendrado afecto: blanco... rojo...

Hubo un tiempo en que el mensaje era sobreentendido.

Rosas:	Te amo con pasión.
Claveles:	Amor ardiente.
Orquídeas:	Nuestro amor es puro.
Camelias:	Estoy loco de amor.

En 1866 se publicó en Inglaterra –que se difundió en varios países y llegó hasta nosotros– un diccionario con el significado de treinta flores.

A pesar de éste y otro libros semejantes, había grandes confusiones en los envíos, compromisos y roturas injustificadas, a tal grado que se prohibieron los invernaderos traficantes.

Entre las tradiciones mexicanas, las rosas rojas siguen siendo las preferidas para una declaración apasionada.

Las ferias de pueblo

México es famoso por sus diversas ferias, como la del nopal, la del mole, la de las artesanías…

En Aguascalientes se festeja la feria de San Marcos, cada año en abril, con manualidades, bordados y deshilados, productos típicos y una sonada feria literaria, donde concursan poetas y escritores y se entregan valiosos premios. También, aunque nos suene chusco, en Amecameca se celebra anualmente la feria del burro.

Es incompleto hablar de las ferias de los pueblos sin recordar sus nombres ni manifestar su típica integración mestiza, ya que al nombre indígena se ha agregado el nombre colonial, generalmente de un santo de origen español, y se remata con una especie de advocación o dedicatoria referente a los próceres nacionales. Así tenemos, por ejemplo, San Bartolo Naucalpan de Juárez, Santa María Yucuñuti, también de Juárez, sí, Benito Juárez, el representante máximo de las Leyes de Reforma y el autor de la mundialmente famosa frase: "Entre los individuos, como entre las naciones, el respeto al derecho ajeno es la paz". Otro ejemplo lo tenemos en Santa Rosa Necoxtla de Mendoza, cuyo final recuerda a Camerino Mendoza, luchador obrero de la zona, muerto en la localidad.

Cada pueblo antiguo o moderno, indígena o mestizo, tiene por costumbre tradicional celebrar el día dedicado al santo patrono. Fue la forma en que los misioneros validaron los asentamientos primitivos –y a veces procuraron su instalación sedentaria donde antes sólo hubo nomadismo– en torno de una nueva imagen: el santo patrono, cuya veneración, desde luego, quedaba promovida.

En las ferias de pueblo se reúnen artesanos de la región con sus productos típicos y hay juegos mecánicos, tiro al blanco, carrusel, y de lo más gustado, la lotería y los títeres, así como el pajarito de la suerte, que vaticina el futuro sacando con el pico un papelito donde se encierra el esperado mensaje. Allí, la soltera espera que le auguren un próximo y feliz matrimonio; la anciana y la "dejada", la vuelta del ausente, sea hijo o "señor"; al marinero, feliz vuelta a su tierra. Pero no todos los "papelitos" traen suerte si al que vive en el décimo piso le pronostican un temblor...

Los títeres

¿Vienes? Yo no puedo imaginarme una feria sin títeres.

En verdad, los títeres o marionetas son los pequeños duendes, los geniecitos que nos hablan con sabiduría y ríen con nosotros en las ferias. Todas las culturas tuvieron la presencia de los títeres –aun antes de aparecer la escritura–: en Japón, China, Java... hay restos milenarios de estos diminutos actores.

Los hay de guante –quizá los primeros–, actuando los dedos como unidades y después haciendo un personaje cada mano.

Existen los de varilla, manejables desde un lugar oculto bajo el escenario. Hay de cuerdas, movidos por los titiriteros desde un tablado o enrejado superior. Éstos fueron primero una unidad compacta –de madera, de trapo o de pasta– para volverse luego articulados. Hoy existen maravillas con mecanismos muy adelantados, capaces de movimientos más precisos, semejantes a los humanos.

Algunos títeres pueden representar a animales o seres fantásticos.

Los griegos gozaron de su presencia; los remedos de humanidad saltan entre las letras de Homero, de Herodoto y de Aristóteles.

Para llegar a Grecia ya habían cruzado Egipto y la India, donde la leyenda sitúa su cuna, afirmando que Siva se enamoró de la muñeca de su mujer y la dotó de vida y movimiento...

En Egipto, por cierto, se encontró en la tumba de un tal Kelmis ¡el ejemplar de un libreto de teatro para marionetas!

El nombre que les dieron los griegos se refiere a las cuerdas con que se mueven. Los romanos las llamaron figuritas animadas.

Durante la Edad Media aparecieron en las iglesias para representaciones sacras. Los "belenes", "misterios", o para nosotros "nacimientos", derivan de una de esas escenas con marionetas. ¡Increíble!

En el siglo XVI, el espectáculo de titiriteros creció al mismo tiempo que la comedia del arte italiana. Los personajes aparecían en las funciones de títeres: pulchinela, arlequino, *il dottore*, formaron parte del diminuto elenco de movimientos espásticos y voz prestada, alegría de las ferias.

Cuando pasaron a otros países, "cruzando el charco", los personajes se adaptaron a las historias del libreto y éstas a la intención catequizante, política o de mero entretenimiento.

Además de ser un atractivo infantil en ferias y en teatro, hoy se utilizan con fines didácticos, así como psicoterapéuticos.

Puede decirse que Rosete Aranda fue en México el padre de los títeres, cuyo museo, semillero y taller, florecen hasta la fecha en Huamantla, Tlaxcala. Mireya Cueto es la decana de los titiriteros actuales. Sus creaciones, como Nasrudín y sus personajes cervantinos, del mismo modo que Rinrín, el renacuajo, hacen las delicias de los niños, de los maestros y de los papás que tienen el privilegio de asistir a sus funciones.

Hoy día se hacen adaptaciones de obras de Goethe, de Dickens y de García Lorca para representaciones de marionetas.

En nuestras ferias, según el rumbo y la categoría, los títeres –muy concurridos siempre– presentan desde un simple diálogo humorístico sin complicaciones, hasta obras maestras con las que sentimos la magia del teatro, doblemente fantástica en el minúsculo escenario de esos pequeños favoritos.

Los compadres

Entre las tradiciones mexicanas, el compadrazgo es una institución de las más respetadas.

Desde luego, los más genuinos, los "de a de veras", son los que comparten la tutela posible del ahijado: los papás y los padrinos.

Hay otros compadres también "de primera", como los que confirman a un niño o lo acompañan en su primera comunión.

Los siguen los padrinos de 15 años, en cuyo caso quedan como compadres de los papás de la festejada.

También se dicen compadres entre sí los consuegros.

Desde luego, las madrinas del Niño Dios son comadres no sólo de la dueña de la imagen que vistieron, sino también del marido de ésta.

Cuando alguien tiene un plátano "cuate" (que creció compartiendo espacio con otro como los hermanos siameses) busca una persona de su agrado para separarlos al unísono y volverse comadres o compadres.

Los compadres se deben entre sí no sólo preferencia y respeto, sino un afecto especial que debe acrecentarse con repetidas y mutuas atenciones.

Si por alguna razón dos compadres discuten, antes de llegar a las manos tapan el compadrazgo colocando el sombrero, ceremoniosamente, sobre una piedra o mata. Una vez liquidado el pleito, ambos recogen sus prendas y se dan las manos...

Si en una reunión están conversando dos comadres –o compadres, o compadre y comadre– se toma a ofensa que uno de ellos se levante o se dirija a un recién llegado sin pedirle permiso a su acompañante. También es ofensivo "hacerse a un lado" para que alguien se siente entre ellos.

Los primeros convidados a cualquier evento familiar son los compadres, a menudo antes que los parientes.

Los compadres tienen lugar de honor en una mesa.

En alguna necesidad se recurre a los compadres para pedir ayuda, pues se supone que al tener un parentesco espiritual respetable deben "procurarse" entre sí.

Los compadres son los representantes de los padres cuando éstos no pueden asistir, por enfermedad o ausencia, a una ceremonia –boda, graduación del ahijado–, lo mismo que si han fallecido.

Si alguien viene recomendado por un compadre, el otro debe darle a esa persona asilo y atenciones. Si necesita dinero o relacionarse con una persona importante, nada más propio que pedirle su colaboración.

Cuando hay un enfermo de gravedad y se halla en peligro de muerte, se avisa a los compadres. Es lo correcto, como lo es la respuesta de ellos asistiendo al enfermo, llevándole comida adecuada –su caldito de pollo, sus manzanas, su verdurita– y llamando al sacerdote si se cree atinado.

Capítulo 4
¡Ya llegó la música!

Las trajineras de Xochimilco

Hay quien afirma que las trajineras de Xochimilco pueden equipararse a las góndolas venecianas.

Infatigables y en constante trajín llevan y traen a los viajeros por los diferentes canales.

Cada trajinera tiene en el frente un nombre de mujer: Lupita, Juanita o María... y recuerdan a las esposas, novias, enamoradas o parientas de los dueños.

Hay quien visita Xochimilco los domingos y días festivos. Hay quien gusta de celebrar su cumpleaños a bordo de una trajinera mientras se agasaja con música y comida típica.

El menú es siempre sabroso y consta de mole, arroz, nopales, carnitas... acompañados "para que pasen" por refrescos, cerveza y tepache; con frescas aguas de horchata, jamaica, tamarindo, o bien, una simple limonada. Como postre, los viajeros pueden deleitarse con dulces de leche, frutas cubiertas...

Y los amantes de la naturaleza arribarán, también a remo, a los puestos de plantas, árboles y flores. Asimismo, los que gustan de vegetales y frutas de la estación.

Los mariachis

"Un matrimonio sin música no es un matrimonio", diría algún experto en fechas importantes de la vida del hombre. Bien que lo sabían los mexicanos de épocas pasadas que amenizaban bodas, fiestas y jolgorios con música de mariachi.

Es en el siglo XIX cuando se acuña la palabra mariachi que proviene, según la creencia popular, de *marriage*, palabra francesa que significa matrimonio. Aunque últimamente Nayarit disputa esta procedencia alegando que existe un pueblo –hoy abandonado– de nombre Mariachi...

Surgen estos conjuntos musicales en tierras de Jalisco, sede del gran Mariachi de Tecalitlán, entre familias afrancesadas felices de vivir a la moda de París, gustosas de satisfacerse con platillos a la europea y de ataviarse con *charme* (léase *sharm*), a la usanza de tierras de ultramar.

¡Quién diría que una palabra francesa definiría tanto a la música como a los músicos más representativos de nuestro país!

Hoy día lugareños y turistas deseosos de escuchar música de mariachi difunden el espíritu festivo de la música vernácula por todo el orbe, donde impresiona con su bien acompasada música de violines, trompetas, guitarras y guitarrones y con sus trajes adornados con herrajes de plata y su sombrero de ala ancha.

Como mera curiosidad, existen grupos de mariachis de diversas nacionalidades, entre los cuales sobresalen el mariachi japonés, el italiano y el de chicanos. ¡Ah!, y también hay mariachis de mujeres.

Y como despedida, aquí les traigo el *Son de la Negra* o las típicas *Golondrinas* que despidieron tiempo atrás, según se cuenta, a la mismísima emperatriz Carlota.

Instrumentos típicos

Y ahora les hablaremos de algunos instrumentos típicos que de inmediato se vinculan con la esencia de nuestro país.

Empezaremos con el organillo o cilindro –manejado por un organillero o cilindrero–, instrumento de indudable origen europeo, específicamente de Austria, traído a México en tiempos de don Porfirio.

No por casualidad cuenta entre su repertorio con "música de antes", piezas europeas adaptadas sin dificultad a nuestro oído e idiosincrasia.

Pocos –se calculan cien– son los cilindros que han sobrevivido y que nos brindan hasta hoy su música especial. Y un secretito: cuando algún organillo finiquita sus días, dona generosamente sus partes, como "órganos vitales", para mantener con vida a los cilindros que aún se mantienen en pie.

Salterio: otro de los instrumentos típicos es el salterio (del griego *psalterión*), con cuerdas en forma de prisma que se carga sobre las piernas y se toca con un pequeño mazo, una púa o las uñas. Al salterio se le relaciona con los salmos de David, quien, se hacía acompañar de esta especie de cítara atravesada por varias hileras de cuerdas, de sonido singular, que hoy día continúa amenizando los festejos con su repertorio de antiguos valses.

Arpa: conocida desde la antigüedad clásica, deriva de la voz griega *arpé*, hoz o gancho; es uno de los instrumentos de cuerda más sobresalientes que acompañan, tanto al son jarocho, como a la jarana yucateca y al típico mariachi.

El arpa se toca con ambas manos, mientras que su predecesora, el arpa eólica, sonaba por impulso de las corrientes de aire.

Guitarra: en árabe *quitara*, en griego *khitara* o *cítara*; llegó a España para quedarse. Luego cruzó el océano, arribando a México, donde en la actualidad no hay mariachi sin guitarra o sin su derivado, el guitarrón. También deriva de la guitarra el requinto jarocho.

En nuestro país, la guitarra sufrió un cambio acorde a la sensibilidad del mexicano: una séptima cuerda.

Alguien dijo: "La guitarra grácil y con cuerpo de mujer, siempre fresca, nos deleita con su voz sin años y con su plática musical –que abarca una rica gama de posibilidades expresivas– que oscila entre lo más elevado y lo popular".

Marimba: por cierto, una canción bastante conocida afirma que la marimba "tiene voz de mujer", la de Tehuantepec y la del estado de Chiapas, así como la del vecino Guatemala donde también se le escucha y goza.

Proveniente de África se aclimató con facilidad al calor y humedad de su nuevo entorno. Sus ecos lejanos avivados por la nostalgia deleitan tanto a los del lugar como a los fuereños, con su voz inconfundible y su frondosidad de notas.

Aunque perteneciente al pueblo, se le encuentra en orquestas de pompa y circunstancia, donde se le respeta por su magnífica madera de artista.

Armónica: también hablaremos de la armónica, instrumento musical en forma de cajita, provisto de una serie de ranuras con una o varias lengüetas metálicas cada una; se toca al soplar y aspirar por esas ranuras.

Toca todas las piezas habidas y por haber y, como es pequeña, cuando se termina de usar se guarda... ¡Y hasta otro día!

Trajes y personajes

Empezaremos con personajes que conforman el perfil de lo mexicano, de lo tradicional o costumbrista. En el país o en el exterior, el charro mexicano es paradigma de la Tierra del Nopal y la Serpiente.

Charro: cosa sorprendente, el charro proviene del nombre que se da a los campesinos en Salamanca, cuyo atuendo se ganó el corazón de los vaqueros mexicanos y perdura a través del pantalón y la chaqueta de gamuza con adornos de plata –a los costados y al frente–, además del sombrero de ala ancha –de fieltro o gamuza– mejor conocido como sombrero de charro.

Hoy existe su equivalente femenino en la charra, ataviada como su pareja, aunque con falda larga. Ella es la amazona que aprenderá a montar a caballo y a pespuntear los diferentes pasos del arte de la charrería.

China: la china poblana, la de la falda tricolor con el escudo nacional, bordada con chaquira, lentejuela y canutillo; la de la blusa de algodón, lustrosos collares de papelillo y fino rebozo; la de los zapatos de raso para bailar jarabe... Es una de las figuras legendarias con más peso en suelo mexicano.

La china poblana –cuenta una leyenda de tiempos de la Colonia– era una princesa oriental traída como esclava por mar en una nao de China. Con el tiempo fue redimida para luego formar parte de un convento de religiosas de la ciudad de Puebla. Su traje, con el que llegó vestida, inspiró el traje que caracteriza a la mujer mestiza.

Adelita: otro de los trajes típicos es el de las Adelitas.

Como se sabe, durante la Revolución Mexicana las mujeres seguían fielmente a sus hombres. Les servían de enfermeras, cocineras y abastecedoras de "parque". Incluso en medio de la contienda parían hijos y enterraban dignamente a sus muertos.

Las Adelitas se eternizaron en la afamada canción de *La Adelita* que dice:

"Adelita se llama la joven a quien yo quiero con todo el corazón..."

Esas mujeres fuertes lejanamente vestían como las Adelitas de estos tiempos mejores, que, sin embargo, respetan la esencia de la vestimenta: faldas largas, blusas con encajes en la pechera y botines con agujetas ¡para bailar las famosas polkas norteñas!

Jarochas: otro de los personajes por recordar es la jarocha, gente franca y sin "pelos en la lengua", procedentes del puerto y el estado de Veracruz.

Para los que ignoran el significado de jarocha se nos explica: "Son los de origen andaluz, conocidos por gente franca, los primeros pobladores de esta región. Sus mujeres, es decir, las jarochas, visten de manera muy similar a las españolas procedentes de Valencia".

Capítulo 5

Juegos y juguetes

Los caballitos

El niño, comúnmente, juega a ser "grande", es decir, adulto.

En el campo, en los pueblos y hasta en las ciudades, hubo por mucho tiempo caballitos de petate, con o sin jinete, que los pequeños manejaban a manera de títeres. Los hubo también capaces de soportar el peso de su dueño, eran de bulto y de tamaño suficiente para usarse de monturas; mismos que más tarde se hicieron de pasta con una plataforma con ruedas, para que el jinete pudiera adelantar en el camino imaginario de sus juegos.

Aun los más pequeños –menos intrépidos– cabalgaron al reino de la ilusión sobre un balancín –con o sin cascabeles–, subiendo y bajando sobre sus rieles curvos.

A veces una simple cabeza de cartón o tallada en madera justificaba que un niño corriera por la casa

montado sobre un palo, en cuya punta superior se veía la figura que relinchaba con la propia voz del jinete.

Más tarde apareció el caballito Roncy –mecánico, sofisticado, armado con un sistema con resortes–, saltaba al impulso feliz y enajenado de su dueño.

Con el advenimiento de los automóviles, cada pequeño quiso su coche. Muchos se subieron a él y suplieron el mecanismo de las ruedas con sus propios pies.

Los más favorecidos tuvieron cochecitos mecánicos y pudieron sentarse y ordenar –por medio del volante– que las ruedas los llevaran.

Aquellos que no alcanzaron coches grandes los tuvieron pequeños para sujetarlos con la mano y lanzarlos al frente, apostando "carreritas" con los amigos.

Como una alternativa entre los vehículos, hubo patín del diablo, patines y patinetas. Las modas y las posibilidades económicas de los padres determinaron su variedad y su presencia en las calles, en los parques, en los jardines y en las casas.

Las niñas patinaron también. Muchas prefirieron impulsar o jalar el carrito de la muñeca. Los vimos de varas, de lona, de hule con metal; desde luego, con ruedas de madera, de fierro o con llantitas.

Se hicieron luego las carriolas, remedando las que lleva mamá y fabricadas a escala, funcionando como las de los nenes.

Las bicicletas imitaron también a las grandes; se fabricaron de acuerdo con la fuerza impulsora y la estatura de los niños. Las había para niños y niñas. Y para los más chicos, los triciclos.

¡Qué alegres los chiquillos y las niñas de preescolar con sus triciclos adornados para la fiesta de la primavera!

¡Qué serios y formales en esas lecciones de tránsito!

¡Qué importantes llevando a la hermanita parada sobre el travesaño posterior y sujeta a los hombros!

Las niñas, además de mamás de las muñecas y comadres entre sí, juegan a la casita, con muebles diminutos –o grandes, en versiones modernas–, con puertas y ventanas, a las que hay que colocar cortinitas, tapetes, macetitas, floreros en las mesas... Todo lo que hay en un hogar de verdad.

La comidita ha sido una de las actividades lúdicas de las niñas. Los varones asisten como convidados o mandaderos.

Allí, con una réplica de los mayores, las niñas cocinan con metates y braseros manejando comales, ollitas, sartenes, cucharas y platones para servir los chiles rellenos, acomodándole un "chicloso" al interior de una ciruela pasa. La imaginación mentía al paladar y a veces alguien comentaba:

–Están deliciosos, no pican nada, nada.

Y hablando de comidas quisiera comentarles un diálogo infantil:

–Comadre, mi niño está muy gordo.

–¡Ay, comadrita!, por eso a mis hijos, carne de lombriz deshuesada y refresco colado, para no engordar...

Otros juegos

Mas los niños también saben ser niños cuando un adulto ha hecho para ellos baleros y trompos, reatas y columpios...

Sería tapar el sol con un dedo si calláramos que los niños juegan al –tal vez colonial– juego de policías y ladrones. Y usan remedos de pistolas y carabinas... Las armas del juego "clásicas" son los palos o las espadas de juguete. Y debemos hablar de las resorteras y las hondas, nada deseables entre los objetos que procuran diversión a los pequeños.

Los niños anteriores a la Conquista jugaron con pequeñas macanas y practicaron tiro al blanco usando flechas, y tuvieron escudos como sus padres, caballeros águilas o tigres...

¡Volvamos a la paz!

El balero y el trompo eran de los juguetes más usuales antes de la era cibernética de computadoras y videojuegos.

El binomio niño-balero pudo disfrutar de las horas en mutua compañía, ensayando los ensartes sencillos, los capiruchos, los alrevesados y la vuelta al mundo. De aquí se derivaban luego las competencias entre vecinos, palomillas y barrios; encuentros verdaderamente deportivos en que el ganador obtenía un puñado de cacahuates, unos *drops* en paquete, o unos cuantos aplausos cuando había público de ambos sexos.

Los baleros sin trampa eran de madera –el cuerpo y el palo– sus partes se unían con un cordel; los malditos tenían un guardapuntas de metal sobre el cabo del palo.

El trompo también requería destreza, práctica, buen ojo y mucho tino. El secreto estaba en el modo de envolver la cuerda sobre el trompo, así como darle el tirón a tiempo y con *chanfle* (sesgo).

Había todo un argot para nombrar el tipo de jugadas y de golpes que los jugadores manejaban con destreza, igual que las suertes practicadas.

Antes de los años treinta, cuando había pocos radios y unas cuantas televisiones, estos juguetes eran los preferidos de los niños. En los pueblos y en el campo tardaron más en entrar al cajón de los recuerdos.

Lo mismo pasó con los huesitos. Eran doce huesos de chabacano limpios, en ocasiones teñidos con anilina. Los jugadores debían meterlos en un hoyo preparado *ex profeso* en la tierra.

Otro tipo de tiro de huesitos se hacía con los de capulín. Consistía en lanzar un hueso para golpear un blanco propuesto, ya fuera una moneda, una corcholata o un trozo plano de madera.

Las canicas son las esferitas mágicas originarias de la cultura prehispánica, que los niños españoles nacidos en México –desde el primer tiempo– compartieron con los niños indígenas y mestizos.

Las primeras canicas fueron de barro seco, imitando las piedritas redondas de los ríos con que se jugaba en la prehistoria. Más adelante se elaboraron de vidrio y de pasta o de acrílicos, y lo mejor es que perduran hasta nuestros días.

Ca-nican-nica se decía en náhuatl aquí estoy yo; era la voz de reto que lanzaba quien invitaba a la competencia, lanzando al aire la esferita botante; de allí el nombre de juego de las canicas.

Los jugadores prueban suerte lanzando la canica con el pulgar de la mano medio cerrada apoyada en el suelo ¡o desde el aire! Si ésa era la condición de la competencia. Se trata de introducir la esferita, desde un límite llamado tiro, en un hoyo preparado para el efecto. El que entre primero puede, de un "golpe", matar a las otras canicas (sacarlas del juego), o bien, embolsárselas si era apuesta "de a devis".

Cada niño tenía su "tirito" consentido. Era la canica que se acomodaba mejor en su mano, obedecía a su pulgar y le ganaba más partidos.

Hay que añadir que los "tiritos" eran estimados cual verdaderas joyas.

Matatenas

Ya fuera con guijarros, canicas o huesitos, las matatenas –también de origen náhuatl– fueron preferidas por las niñas durante siglos.

El juego consiste en aventar un puñado de guijarros al aire, recibiendo cuantos sea posible en el dorso de la mano... echando a lo alto uno de ellos mientras se alza otro de los caídos. Había muchas combinaciones de estas suertes.

Era un entretenimiento versátil: se jugó en salas, patios, descansos de escaleras, un rincón tras un piano... Ideales para todo tiempo, fuera de "aguas" o de "secas", es decir, en mayo o en noviembre. Las niñas siempre se divirtieron bajo techo cuando el clima no era favorable.

En juegos de grupo contamos con *Las escondidillas*, además de otros más movidos: *La roña*, *Los encantados*, en que los jugadores se dividían en perseguidos y perseguidores con diferentes versiones; juegos que han derivado en otros como *Uno dos tres por mí*, *Bote pateado*, etcétera.

Uno de gran acción y compañerismo es el *Burro castigado*, en que alguien se fleta (hace de burro, inclinándose hasta parecer un cuadrúpedo, sólo que con los brazos cruzados bajo el pecho). Los demás saltan sobre él, contando y accionando con una secuencia propia. El que comete algún error en el salto, debe suplir al burro.

Las niñas preferían el avión de piso o la reata las deportistas; y las soñadoras, el columpio.

Rondas

Los juegos de rondas también eran divertidos, sobre todo, para los más pequeños y los niños poco capaces de diversiones de mayor actividad o destreza. Así tenemos la Rueda de San Miguel, Milano, Doña Blanca, Matarile-rile-ron, la Víbora de la Mar y algunos más que los maestros de preescolar tratan de conservar para el futuro, enseñándoselos a los pequeños.

Aunque menos movido que los anteriores, pertenecen a este tipo de juegos las cebollitas, el teléfono descompuesto y Juan Pirulero, este último igualmente cantado.

Nota: No resistí el encanto del olor a ropero viejo de:

A Madrú señores
vengo de La Habana
de cortar madroños
para doña Juana.

la mano derecha
y también la izquierda
y luego de lado
Y después "costado"

y la media vuelta
con su reverencia.

Otros juegos tradicionales fueron el doctor, la botica, la tiendita y la escuelita, en que un pequeño –generalmente una niña– es la maestra y los demás son alumnos. Unos y otra se comportan representando un grupo escolar en un salón de clases. Para más propiedad se cambian nombres, que muchas veces son graciosos:

Toño, de altos vuelos, se llamó: Roberto Aguilar de los Montes Castillo.

Manuel, el primogénito, era Juan Satisfecho.

La pequeña Lucía, Rosita Caballejo Chipendale.

¡Vaya comparsa!

Las piñatas

Marco Polo las conoció cuando los mandarines, con su vara de mando, rompían ciertas figuras de búfalos o dragones para liberar las semillas contenidas en su interior... con Marco Polo arribaron a Italia y se extendieron por Europa. Hasta nosotros llegaron con el Evangelio.

Tuvieron siete picos como "los pecados capitales". Se visten de oropeles para significar el atractivo –engañoso como ellos– de los placeres mundanos.

Dentro hay un premio: rompiendo las vanidades se encuentra la verdad y el alimento, el disfrute sano de la vida.

¿Cómo ven? Perfectamente bien buscado el simbolismo, ¿verdad?

...Y luego se quedaron entre nosotros para siempre, sin moralejas, claro.

Varió la figura de estrella, ya en el siglo xx, por rábanos, flores o canastas. Luego aparecieron personajes del momento, lo mismo que los judas, otra de nuestras tradiciones, para tronar el Sábado de Gloria...

Hubo piñatas de Mamerto, el charrito desobediente y llevachascos por inepto, personaje; de las tiras cómicas de los años veinte y treinta; de Pancho o de Ramona y de la mula Filomena, sin faltar algún diablo y por supuesto, las siempre vigentes estrellas.

Luego tuvimos Popeyes, Caperucitas, personajes de las caricaturas televisivas, futbolistas, astronautas, hasta llegar a los marcianos y a los superhéroes actuales.

En un museo podrían exhibirse también barcos, autos, submarinos, aviones, dirigibles y ¿por qué no?, una cápsula espacial o una caricatura de Osama o del comandante enmascarado.

La manufactura de las piñatas ha evolucionado con el tiempo. Por cientos de años fueron ollas vestidas en una comunidad o en casa. Ollas quebradizas, hechas para romperse; sin barniz vidriado, sin adorno ninguno; con una boca estrecha para el volumen de su panza.

Se cubrieron con papel de colores "enchinando" las tiras cortadas, con objeto de cubrir mejor las almas –papeles o cartones– con que estaban hechos los picos o figuras sobre el cuerpo de la olla.

El engrudo (pegamento casero) se hizo desde el lejano ayer, o tal vez antier, cociendo harina de trigo bien disuelta en agua con vinagre para que el pegamento "agarre fuerza".

Los papeles de estaño "oritos o platitas" suplieron pronto el costoso oro volador del inicio, dándole el mismo aspecto y usándose con mayor abundancia.

Cuando los modelos se diversificaron, la forma básica deseada se le dio con trozos de cartón, así les pusieron patas, cuernos, nariz...

Para hacerlas barcos o cualquier otro vehículo se emplearon armazones construidos de periódico sobre la olla.

Vestir piñatas se convirtió con el tiempo en una artesanía, cuyo oficio se hereda de padres a hijos.

En los últimos tiempos, las ollas se sustituyen, casi siempre, con cajas de cartón vacías o periódicos –algunos usan moldes prefabricados–, lo que facilita la confección, pero causa demérito en cuanto a su autenticidad, tal como se nota al golpear y golpear sin provecho y usar "algo" además del palo (garrote, tranca, bastón) para derribarla.

Al ser elementos de doctrina, las piñatas se hicieron para celebraciones religiosas como las posadas. Esa tradición perduró en las antiguas vecindades y en algunas parroquias conservadoras. Estuvieron presentes en las verbenas populares y más tarde aparecieron en las casas, para celebrar eventos familiares.

En el interior, las piñatas contienen fruta de la estación; por ejemplo, en tiempo de posadas, naranjas, cacahuates, limas, cañas, jícamas...

En fiestas sociales suelen traer regalos, dulces, "premios"

...Te paso una mascada para que te venden los ojos, tomes tu palo y ¡tino!

Nota. No dejes que te caigan encima si te avientas, porque te roban los tejocotes.

Capítulo 6
Nuestro calendario

La Navidad

Según la tradición: "Jesús nació una noche para amanecer el 25 de diciembre".

Se ha cuestionado esta fecha, aunque se aceptó en definitiva después de algunas discusiones histórico-teológicas, debido a la concordancia de ciertas circunstancias astronómicas que debían cumplirse.

Quizá tuvo cierto simbolismo el solsticio de invierno (22-23 de diciembre) que se situó en el 25, por la superstición mundial de sumar $2+5$ y obtener el mágico 7, y entre las fechas hay sólo un día o dos de diferencia.

Dicho solsticio marcaría el momento de la mínima noche para que el día –la luz de la mañana– empezara a crecer como la fe cristiana...

Algunos teólogos han propuesto para septiembre el nacimiento de Jesús, alegando a favor de esta fecha el siguiente argumento: la igualdad de los días en el equi-

noccio que se da en septiembre podría significar la igualdad de todos los hombres que propone la doctrina cristiana...

Asimismo, se ha rebatido el año en que comienza la era cristiana, dado que los sucesos de la Natividad –censos y otros hechos consignados en la historia universal– tuvieron efecto cuatro o seis años antes del año señalado.

Por motivos políticos, sociales y económicos, este supuesto error no se ha corregido.

Las posadas

Con la catequización de la Colonia se estableció en las misiones y parroquias, más tarde en los barrios y después en las vecindades y casas particulares, la costumbre de conmemorar –durante los nueve días anteriores a la Navidad– el peregrinaje de José y María mientras recorrían el camino entre su pueblo y el lugar donde se cumplía con el censo.

Jesús estaba por llegar al mundo; eran los días anteriores a su nacimiento.

Se cuenta que María dio a luz en Belén de Judá, en un pobre mesón, en una cueva del camino o en un pesebre, debido al gran movimiento de peregrinos que viajaban en esos días por el mismo motivo.

Los episodios se representaban primero en vivo; en adelante se hicieron maquetas para transportar a los peregrinos en andas delante de la procesión que reza y canta en recuerdo de esos días.

La tradición conserva la costumbre de hacer la procesión con velitas hasta la casa donde se va "a pedir posada".

Al final de cada día del novenario, las puertas se abren y se hace la fiesta.

Entren santos peregrinos
reciban este rincón
no de esta pobre morada
sino de mi corazón.

Cantan las aleluyas al recibir a la concurrencia que trae los peregrinos.

De la feliz entrada, sigue la "prendida" de luces de bengala, los abrazos, los recuerditos, las canastitas con colación, la piñata y a veces la merienda y el baile.

El árbol

También se cuestiona al pino como representante de esta festividad, ya que las coníferas no son propias de la región de Asia Menor en que se desarrolló el natalicio.

Sin embargo, como el pino es verde todo el año, soporta el clima de diferentes latitudes y no pierde sus hojas en invierno, se le dio validez simbólica para representar la vida eterna.

La costumbre de "poner el árbol" en casas y tiendas nació –según nos cuentan– en Europa Central, de donde pasó a Norteamérica. Luego llegó hasta nosotros y ha adquirido la categoría de tradición.

Nosotros lo llenamos de foquitos, de nieve artificial, de estrellas y toda clase de figuritas –muchas de ellas artesanías nacionales– y le damos un puesto de preferencia en la sala, en el despacho, en el vestíbulo si la casa es grande, cerca de la escalera donde todos disfrutan su presencia al pasar.

Bajo el árbol se colocan los regalos del intercambio familiar –o de los compañeros de trabajo en las oficinas– y allí suelen dejarse las medias colgantes –estilo americano– y los tradicionales zapatos que amanecerán señalando los regalos que recibirá cada niño.

Año nuevo

La llegada de un nuevo año es siempre motivo de celebración. En México se celebra de diferentes maneras: las familias católicas acostumbran ir a la iglesia al anochecer a dar gracias por todas las bendiciones recibidas durante el año que termina, o bien, asistir a la misa de gallo, que en casi todas las iglesias se celebra la víspera del año nuevo.

El 31 de diciembre es la fecha en que tradicionalmente se despide al "año viejo" y se recibe al "año nuevo". A semejanza de la Nochebuena, los familiares y amigos se reúnen alrededor de la mesa para cenar, ya sea en el hogar, en algún restaurante o centro nocturno. Además de estrechar los lazos familiares y amistosos se participan toda clase de parabienes.

El momento culminante se inicia al término de la cena, con las doce campanadas, anunciando que un año se va y llega otro cargado de promesas y buenos deseos.

En la mesa se coloca previamente, delante de cada comensal, un recipiente con doce uvas que simbolizan los doce meses del año por venir, que, de acuerdo con el ritual, deben comerse con cada una de las campanadas del reloj. El significado se relaciona con las aspiraciones y anhelos de cada uno de los participantes, con el deseo de que se conviertan en realidad.

Después vienen los brindis por el año que comienza, en los que se expresan los buenos propósitos. Hay abrazos, alegría, felicitaciones y algunas veces baile; se reparten silbatos, serpentinas y confeti. En todos los corazones está presente la añoranza de un año que termina y la esperanza de alcanzar mayor éxito en el año que comienza.

Hay algunas supersticiones referentes al año nuevo:

Sacar las maletas a la puerta de la casa traerá muchos viajes.

Sentarse y volverse a parar con cada una de las doce campanadas trae consigo matrimonio.

Recibir el año con dinero dentro de los zapatos traerá mucha prosperidad económica.

Para tener mucha ropa nueva durante el año se debe usar al revés la ropa interior el 31 de diciembre.

Usar ropa interior roja, hará encontrar el amor de tu vida.

Utilizar ropa amarilla traerá felicidad y alegría.

Comer una uva con cada campanada, a la vez que pides un deseo, hará que se te cumplan todos.

El "Nacimiento"

Volviendo al natalicio de Jesús, nuestras costumbres más arraigadas indican la celebración de las "posadas" y la "puesta del Nacimiento".

En las casas, algunos establecimientos, escuelas católicas, mercerías, jugueterías, tiendas y grandes almacenes, se pone el "Nacimiento" unas semanas antes del día 25. Para ello se hace una especie de maqueta representativa del lugar en que el Niño Jesús nació: el campo, los montes, los caminos, los pueblitos, se simulan con una capa de musgo, sobre la cual se acomodan figuras de barro, de cartón, espejos o papel de estaño, árboles, diminutos animales y personas –el aguador, el arriero, la lavandera en el río, la tortillera con su gran canasta; además: ángeles.

Pero no falta en todo Nacimiento puesto con propiedad y conocimiento de causa, el personaje antagonista: el Diablo.

Tras una peña, entre la maleza, en una cueva, el Diablo de utilería se asoma. Su presencia es necesaria para mover el ánimo a la lucha por el bien, en este caso, la llegada de los devotos caminantes al portal de

Belén. El Diablo quiere impedir que el peregrino llegue a saludar al Niño Redentor.

El pesebre es la parte central, imprescindible del "Nacimiento". Representa un establo con animales, al cual arribaron José y María en su peregrinaje con motivo del censo, apremiados por el inminente nacimiento del niño de María.

Sobre el pesebre apareció la estrella que guió a los magos.

Justo arriba del pesebrito de nuestro "nacimiento" habrá siempre una estrella.

A las 12 de la noche del día 24 se coloca en el pesebre la figura del Niño Dios. Al empezar el día 25, Jesús ha nacido y está recostado –entre el burro y la vaca del establo–, acompañado de José y María en actitud de veneración, así como del ángel que lo custodia como a cualquier mortal.

La cena

Independientemente de la celebración de la última posada, la cena de Nochebuena se hace para terminar el día 24 de diciembre.

Antes se guardaba vigilia (comida con abstinencia de carne) por lo que se preparaba el agasajo con pescados y ensaladas.

El pescado podía ser fresco, o bien, un abundante y elaborado plato de bacalao a la Vizcaína.

La ensalada tradicional llevaba betabel, jícama, naranja (todo rebanado), polvoreado de azúcar y salpicado con cacahuates.

La bebida obligada era el ponche –que se conserva todavía como preferido–, hecho con tamarindo, guayaba, tejocotes, flor de jamaica, caña y algo (según el gusto) de aguardiente o de ron.

Así se acostumbró hasta pasada la mitad del siglo xx. Después se hizo de lado la vigilia sustituyendo o agregando a los platillos de pescado, nuestro pavo (guajolote) asado, relleno, de acuerdo con usos de otros pueblos...

Además de esas viandas, o en su defecto, suele presentarse un lechón o una "corona" de lomo de puerco a la que se dejan las costillas.

El pavo se acompaña con mermelada de arándanos. Si se hace la "corona", suele servirse con puré de papa, guarnición de verduras o compota de manzana. La "corona", a veces, va con ciruelas pasas, cocidas en el jugo del asado.

Como postre se ofrecen mazapanes y turrones; suele brindarse con sidra o terminar con el tradicional "café de ollita" (con piloncillo) o "café alegre" (mezclado con coñac).

Son días en que las familias se reúnen y vienen los ausentes, hay reconciliaciones y perdones en nombre del Niñito que nació en Belén / "Que bendice la mesa y a nosotros también".

El arrullo

En los primeros minutos del día 25, el día de Navidad, el Niño es arrullado devotamente por la concurrencia.

Se cantan villancicos en su honor. Pasa de mano en mano entre los piadosos asistentes hasta quedar en el regazo de la madrina.

Ser madrina del Niño Dios es un privilegio entre las familias tradicionalistas.

La madrina desde ese momento será comadre de la dueña de la escultura que representa al recién nacido.

Entre los personajes del "Nacimiento" están los Reyes Magos, mas desde el día 25 se les coloca en la ruta directa, por la que se les va adelantando cada noche.

Melchor, Gaspar y Baltasar se acercan en el camino hasta el 6 de enero en que se hallan frente al pesebre, donde se encuentra recostado el Niño.

El día 7 de enero –después de la Epifanía o adoración de los Magos– la madrina recoge la imagen y la lleva a vestir.

Hay personas especialistas en vestir Niños Dios y a ellas recurre la madrina para tratar de merecer el honor.

El día 2 de febrero regresa con el Niño –ataviado según su antigüedad– para llevarlo al templo con la comadre, a la celebración de la misa de purificación, donde lo bendicen lo mismo que a otras imágenes.

Los Reyes Magos

Una de las más bellas ilusiones de la niñez es la llegada de los Reyes Magos, presente entre nosotros por herencia de nuestros ascendientes españoles. Se encuentra, desde siglos atrás, entre las tradiciones mexicanas.

El origen de esta costumbre se remonta a los misioneros españoles que llegaron a México durante el siglo XVI y es parte de la tradición católica, basada en el evangelio según san Mateo que narra el viaje de tres magos venidos de Oriente que recibieron el mensaje de que nacería *el salvador* y guiados por una estrella llegaron al pesebre en Belén donde se encontraba el recién nacido. Los reyes le presentaron sus regalos que consistían en oro, el regalo otorgado a los reyes, incienso utilizado como signo de veneración en el altar de Dios, y mirra usada en la preparación del cuerpo para su embalsamamiento tras la muerte.

La celebración en la cual los niños reciben juguetes es el 6 de enero, "el Día de Reyes" o los Reyes Magos. Así como los Reyes Magos le brindaron regalos al Niño Jesús, también ellos traen presentes a los niños y niñas que se han portado bien. Los chiquillos ponen sus zapatos el día 5 de enero en la noche, junto con la carta en la que solicitan el juguete que desean, cerca de la ventana, para que los Reyes Magos les traigan lo que anhelan.

Los Santos Reyes Magos es la tradición más querida por los niños de todos los países de habla hispana. Aunque Santa *Claus* se ha vuelto muy conocido y también reparte juguetes, los Reyes son los preferidos.

La Alameda Central de la Ciudad de México se convierte en el sitio de reunión de chicos y grandes en los días previos a la llegada de los reyes.

Los adornos y luces que iluminan la Alameda sirven de marco a los actores improvisados que representan a los "Reyes Magos", creando un ambiente de ilusiones y regalos.

Los niños se acercan curiosos a los "Reyes Magos" para tomarse la fotografía del recuerdo.

La noche del 5 de enero los mercados populares de la Ciudad de México: Hidalgo, Portales, Mixcoac y otros, ofrecen una amplia diversidad de juguetes.

Los "reyes" buscan entre la algarabía de la vendimia los juguetes que les han solicitado los niños a través de sus cartas.

Durante el Porfiriato se usó la traída de regalos por el propio Niño Jesús –devoción francesa–, que se cumplía el 25 de diciembre, o el último para amanecer el 1o. del año.

Esta costumbre duró hasta bien entrado el siglo xx. Disminuyó a medida que se adoptaba –por influencia estadunidense– la venida de Santa Claus, personaje tomado de la figura de San Nicolás, quien llega "con renos y trineo desde el Polo Norte" en la noche del natalicio de Jesús.

Los investigadores indican que históricamente no fueron reyes ni magos (hechiceros), sino tal vez sabios astrónomos - astrólogos.

En verdad parece que sí buscaron al "prometido por la estrella"...

El Papa León I, en el siglo v aseguró que sí habían sido tres los presentes que el niño recibió –incienso, oro y mirra–, los portadores eran tres.

La estrella que los guió –de acuerdo con sus conocimientos astronómicos– fue una de las llamadas supernovas, o bien, como se afirmó alguna vez: un cometa.

Otros cálculos concluyen que se trató de una conjunción de Júpiter y Saturno.

Se dice que Melchor, Gaspar y Baltasar llegaron respectivamente en un caballo, un camello y un elefante. Los investigadores afirman que fueron tres camellos; mas como se ha presentado su apariencia en forma de un europeo, un asiático y un africano, se admite la visión con cada una de sus probables monturas.

Quienesquiera que hayan sido, de dónde llegaron y en qué lo hicieron, lo cierto es que agradecen la atención de los niños mexicanos cuando en el lugar señalado para los regalos dejan agua y alfalfa o paja para que los animales puedan beber y comer algo: ¡la tradición afirma que vienen muy cansados!

La rosca de Reyes

Asociada al Día de Reyes se encuentra la tradicional rosca de Reyes. Esta tradición reúne a la familia y a los amigos para partir la rosca en la merienda del 6 de enero. La rosca de Reyes es un pan de forma redonda; sin embargo, en México se elabora cada vez más ovalada, tal vez porque los que se reúnen a partirla son más. Está hecha de harina, mantequilla, levadura, huevos, azúcar y agua de azahar, adornada con frutas cristalizadas. En su interior se esconden uno o más muñecos de plástico en recuerdo de los niños que deseaba asesinar el rey Herodes en la matanza de los primeros mártires cristianos, los Santos Inocentes. La rosca se come acompañada de chocolate caliente, tradición en donde se funde lo indígena con lo español.

Actualmente, la partida de la rosca de Reyes ha contribuido a establecer lazos de convivencia en los centros de trabajo, puesto que esta tradición se ha hecho extensiva y dejado de ser exclusiva del ámbito familiar.

Los niños escondidos en la rosca se han multiplicado y los padrinos regalan a los comensales atole y tamales el 2 de febrero.

La tradición de los "Reyes" termina con la "partida de la rosca", pero ésta a su vez se enlaza con la del día de la Candelaria.

Día de la Candelaria
(2 de febrero)

El 2 de febrero se celebra la fiesta de la purificación de la Virgen María y se conmemora la presentación del Niño Jesús en el templo de Jerusalén. Ambas festividades se realizaron en Jerusalén desde el siglo IV y rápidamente se extendieron a todos los países del Medio Oriente.

Cuando el festejo llegó a Roma, se incluyó la letanía, o sea, se agregaron procesiones cantadas como parte del ritual. Más adelante, en el siglo IX, la fiesta se enriqueció con la ceremonia de la bendición de las candelas, de donde viene el nombre de día de la Candelaria.

Como casi todas las ceremonias cristianas, ésta también tiene un origen pagano. Posiblemente sea moro, pero en todo caso en la Europa Central y nórdica constituía una festividad anual dedicada a la fertilidad (cuyas sacerdotisas originaron la idea de las brujas).

La Candelaria es la fiesta de la purificación y las velas bendecidas se conservan para auxiliar a los moribundos o para librarse de los peligros del rayo y del trueno y de las tentaciones del demonio.

La fiesta de la Candelaria en México

En el mundo católico, el ciclo de purificación y penitencia se inicia con esta festividad, la Candelaria, sigue con el miércoles de ceniza, la cuaresma y la Semana Santa.

En nuestro país, el día de la Candelaria se celebra desde los inicios de la Colonia. Cada región y grupo étnico la impregna de características propias de su cultura. Por ejemplo: se llevan a cabo bailes populares, juegos pirotécnicos, procesiones, alboradas, ferias, música de banda, representaciones teatrales, intercambio de flores, danzas tradicionales y, por supuesto, la bendición del Niño Dios. En la Ciudad de México y en algunos otros lugares se acostumbra que la persona que en la merienda del día de los Reyes se sacó el "muñeco", al "partir" la rosca de Reyes, se convierta en el padrino del Niño Dios el día de la Candelaria.

Para cumplir con su tarea, el padrino o madrina debe "levantar" al Niño del pesebre del Nacimiento (el cual se colocó el 16 de diciembre anterior, o sea, la primera posada y debe quitarse hasta el 2 de febrero) donde fuera situado después de arrullarlo, el 24 de diciembre anterior. Ya levantado tiene que "vestir" al niño dios. Esta tarea de vestir niños dios era una gran devoción que se hacía con el arte, dedicación, creatividad y amor posibles, pero ahora se ha vuelto comercial. Existe todo un ritual para tal efecto:

Ritual del vestido del Niño Dios

Son tres años consecutivos los que debe vestir el padrino o madrina al Niño Dios.

El primer año se viste de bebé, de blanco, sin corona ni trono. El segundo año, el tipo de vestido es optativo, pero sin corona ni trono. El tercer año se viste como rey, como el emperador del universo, con trajes como el del Santo Niño de Praga, y se le entroniza (se le sienta en un trono). A partir de este año se le rinde culto para que conceda gracias y milagros.

Cuando el Niño Dios ya está ataviado, el padrino o la madrina lo lleva a misa para que junto con las candelas adornadas, las semillas de chía y trigo que servirán para adornar el altar de Dolores (se pone el viernes de cuaresma anterior al viernes santo), reciba la bendición. Se le lleva sobre una charola adornada con flores. Si es el primer año que recibe la bendición, se le coloca acostado porque es pequeño y no sabe caminar. Las velas benditas serán utilizadas para pedir favores especiales a la Virgen o a Cristo. Una vez terminada la ceremonia, se devuelve el Niño a su dueño, quien lo sienta en una sillita y le enciende una veladora que ha de acompañarlo hasta el siguiente 2 de febrero. Por la tarde o noche se lleva a cabo la tradicional "tamalada", acompañada de atole de varios sabores. Comida ritual e imprescindible en este sagrado día.

La "tamalada" del día de la Candelaria

El hecho de que el día de la Candelaria se merienden tamales no es un simple capricho gastronómico, sino que está en estrecha relación con el ritual católico y la

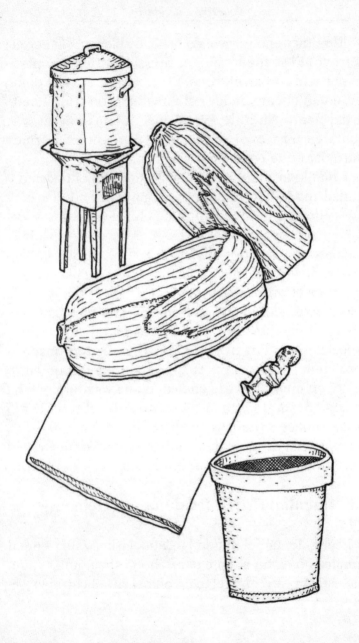

inclusión de un alimento, el tamal, de origen prehispánico, utilizado como una parte importante de las ofrendas a los dioses del panteón azteca. Además, el 2 de febrero correspondía al primer día del primer mes del calendario mexica, llamado *Atlcahualo* o *Quauitleoa*.

Los mexicas empleaban tamales como ofrendas y como parte de los ritos que llevaban a cabo a lo largo de los meses que integraban su año ritual, como cuenta Fray Bernardino, quien cita diez celebraciones en que se empleaba este pan de maíz. Hacían los tamales los del barrio Coatlan y los ofrecían en el mismo *cu* (templo), delante de la diosa Coatlicue, a la cual le tenían gran devoción.

Este alimento tan mexicano acompaña las fiestas de las mayordomías, como el tamal de ajo, de Texcoco, Estado de México; los tamales de semilla de huauzontle, especiales para semana santa, y el tamal blanco de anís preparado para las ofrendas de día de Muertos. El tamal en México ha dejado su uso ritual para convertirse en uno de los alimentos más populares de consumo diario. Quién no conoce el tradicional desayuno del mexicano que se compra en cualquier esquina: un vaso de atole (de fresa, cajeta, arroz o el popular champurrado), un tamal rojo, verde, de rajas con queso o uno oaxaqueño con mole, ya sea solo o en torta (es decir, en medio de un bolillo). Hay una variedad infinita de tamales: los de sal, con chile verde, chile rojo, mole, frijol, queso, cacahuate, huitlacoche, sesos, carne de iguana, de venado, de pollo, de cerdo, pescado, mariscos, haba, crema de pepitas, chaya, cazón, nopales, rana, biznaga, verdolagas, hoja santa, epazote, rajas de chile poblano, en los cuales siempre estará presente el chile como ingrediente principal. Los hay dulces con nuez, pasitas, piña, coco, ciruela pasa, piñón, capulín. La forma de envolverlos es también muy variada: con hojas de maíz, como las corundas de Michoacán; con hojas de elote secas que son la forma más popular; con hojas de plátano, principalmente en la zona costera o tropical; con hojas de hierbasanta, los de frijol.

Por supuesto que el acompañante imprescindible del tamal es el atole hecho también de harina de maíz, o sea, el granillo que queda después de cernir la harina del maíz molido. El atole puede ser blanco, sin o con leche; endulzado con piloncillo, con azúcar, con miel o con chocolate, con canela, con vainilla; puede tener sabor natural de frutas como: fresa, guayaba, tamarindo, ciruela pasa, nuez. El atole clásico es el blanco que se hace con masa de nixtamal y agua, el cual es aconsejado para quienes están enfermos; para tomarlo primero se muerde un pedacito de piloncillo, para luego sorber un trago de atole. No podemos olvidar al champurrado hecho con agua, canela y chocolate, si se tiene cacao a disposición, mejor. Pero siempre será más sabroso si se sirve bien caliente y para enfriarlo no hay que olvidar el "meneadillo" del jarro o taza para que no queme al beberlo.

Dichos y refranes sobre el atole y los tamales

- *Tienes sangre de atole* (nada te entusiasma).
- *Nomás me das atole con el dedo* (me estás tomando el pelo).
- *No donde quiera hay árboles de tamales y ríos de atole* (se dice cuando los hijos ingratos que abandonan el hogar regresan porque no les fue bien).
- *Se te olvidó el nombre, pero no el meneadillo* (se dice de alguien que no quiere recordar su origen humilde).
- *Parece un chorro de atole* (en sentido figurado: es lento, baboso, pesado, torpe).
- *No te tapes tanto que pareces tamal* (estás demasiado arropado).
- *Al que nace para tamal del cielo le caen las hojas* (nadie escapa a su sino).
- *Tienes patas de tamal* (tienes pies gordos y cuadrados).
- *Lo entamalaron* (lo mataron y lo envolvieron en una cobija).
- *Aquí estoy como la tamalera, mal y vendiendo* (la voy pasando).
- *No me gusta, está muy tamalón* (está gordo, tosco y cuadrado, sin forma).
- *¿Cuándo comemos tamales?* (¿cuándo es la boda?).
- *Véngase, mi tamalito de dulce* (vente conmigo, mi amor, dulce, sabroso y calientito).

- *¡Uhm!, a esos tamales les falta agua* (la cosa no está consolidada todavía, no es un hecho).
- *No me des tantas vueltas, que no soy tamal* (no me quieras desorientar o salir con evasivas).

Capítulo 7
Chascos

Los Santos Inocentes
(28 de diciembre)

Este día se recuerda la matanza de los "inocentes" realizada por Herodes, con la intención de terminar con la vida del recién nacido Jesús.

A pesar de referirse a un hecho sangriento, en México, sin saber exactamente su origen, se ha convertido en una tradición festiva.

Como medida precautoria, para no caer en las bromas de parientes y amigos, la gente no debe prestar nada: dinero, alguna joya, libros o cualquier otro objeto, porque lo pueden hacer "inocente".

La broma es que la persona que cae en el engaño al prestar algún objeto de su propiedad, éste no se le devuelve.

Parte de la tradición consiste en que a la persona que se engañó, es decir, al "inocente", se le da una canastita con dulces con el siguiente recado: "Inocen-

te palomita que te dejaste engañar, sabiendo que en este día nada se debe prestar".

Otras de las acciones consideradas como inocentadas eran las de divulgar convincentemente alguna noticia falsa, siendo parte de la diversión que alguien se la creyera.

Herodes, cruel e inclemente,
nos dice desde la fosa
que considera inocente
al que presta alguna cosa.

Recuerda:

Si llevas a cabo la broma de los "inocentes", después deberás volver con dulces, juguetes y la prenda prestada, o decir la verdad respecto a la noticia inventada. Es una tradición en la que puedes divertirte.

Esta costumbre ha decaído en los últimos años.

Jueves de Corpus

Noveno jueves después del domingo de Pascua.

El jueves de Corpus es otra de las tradiciones de carácter religioso en México. De acuerdo con los cronistas, el jueves de Corpus comenzó a celebrarse en 1526, apenas cinco años después de la caída de la Gran Tenochtitlan.

Esta tradición se iniciaba con una solemne procesión encabezada por el arzobispo, que salía de la puerta poniente de la Catedral Metropolitana seguida por el clero establecido en la Nueva España, las autoridades civiles, gremios, cofradías, etc., a la que se sumaba el pueblo en el recorrido que se hacía por los distintos rumbos de la ciudad.

Durante esta celebración, el Zócalo de la Ciudad de México era invadido por los creyentes, originando con el paso del tiempo que comerciantes y artesanos se dieran cita en el centro de la capital, arreando sus mulas, en cuyos lomos cargados de huacales transportaban sus mercaderías.

El toque pintoresco a dicha celebración lo daban las mulas, el colorido de las frutas de temporada y las artesanías dentro de un ambiente de feria.

La presencia de las mulas despertó el ingenio y la picardía del pueblo, dándole a esta fecha la denominación de "día de las mulitas".

La tradición de celebrar el jueves de Corpus aún perdura, aunque ya no participan las autoridades gubernamentales, civiles y militares.

La celebración del jueves de Corpus dio origen al teatro novohispano, porque parte de las actividades religiosas de ese día era la representación de los autosacramentales a un costado de la Catedral.

Como una remembranza de los indígenas que llegaban el jueves de Corpus a la Plaza Mayor con sus huacales de mercancías, se hizo costumbre llevar a los niños a la Catedral vestidos de inditos, con un *huacal* en sus espaldas.

Los jueves de Corpus se venden "mulitas" hechas con hojas de maíz secas, barro u otros materiales, con sus huacales en los costados, recordando a las que transportaban las mercancías hasta la plaza mayor durante esta celebración.

¿Sabías que el onomástico de los Manueles coincide con el jueves de Corpus?

Una "mulita" es el regalo más socorrido, en son de broma, para los Manueles y también para otros que no se llaman así, acompañándolo de la siguiente expresión: ¡Felicidades en tu día!

San lunes y los puentes

Sin duda, son asuetos tradicionales "voluntariamente forzosos".

Son los días "santos" en que los trabajadores descansan de los ajetreos del domingo y se celebran con mucha devoción; días que pueden unirse para descansar "de seguido" desde un jueves hasta un lunes –o martes–, desde un sábado hasta un miércoles. Por ejemplo, en 2003:

1º. de mayo, jueves; puente, viernes 2; sábado 3, día de la Cruz; domingo 4; lunes ¡5 de mayo! Es decir, holganza de jueves a martes. Se trabajó martes, miércoles y jueves; el viernes hubo fiestas escolares por el día de la madre, sábado 10 de mayo...

Éste y los demás puentes (sacrosantos) que van cayendo durante el año se cumplen reverentemente en escuelas, comercios y algunas fábricas, siempre y cuan-

do no lo prohíba ningún contrato colectivo, "si no que más bien lo autorice".

Basta de explicaciones: todos los conocemos, los deseamos y los disfrutamos

—¡Qué semana inglesa, ni qué verano ni qué pascuas!... (Acerca de los esperados, por lo bien que nos caen según nuestra tradicional afición al trabajo).

—¿Saben, muchachas? —expresó una joven maestra comentando con sus compañeras—, quisiera que nuestro trabajo fuera: sábado, domingo y día de quincena.

Día de san Antonio Abad

En tiempos antiguos al hombre de bien se le prometía, como recompensa, múltiples bendiciones. Leemos en la Biblia: "será bendito en la ciudad y bendito en el campo. Bendito será el fruto de tus entrañas, el producto de tu suelo y los partos de vacas y rebaños" (*Deuteronomio 28: 3-4*). En el capítulo dedicado al ritual de las primicias se dirá frente al sacerdote en turno: "y ahora aquí traigo las primicias de estos frutos de la tierra que Yahvé me ha dado" (*Deuteronomio 26:10*), entonces el sacerdote recibirá las cestas de sus manos y la pondrá delante del altar del Señor.

Aquí encontramos uno de los posibles antecedentes del 17 de enero, día de san Antonio Abad, cuando dueños de perros, gatos, canarios y otras especies domésticas de la ciudad, así como cerdos y terneras, gallinas y cabras en el campo, acuden a la iglesia en espera de la bendición sacerdotal para que den más leche, mejores quesos y carne superior, así como su incomparable compañía como mascotas.

Sus ladridos, ronroneos, cantos, bendecidos por la gracia superior, darán sus frutos, de los que gozarán los devotos de san Antonio Abad, quien ansioso de encontrar un refugio para su alma, se recogió en el desierto, donde las bestias –también criaturas del señor– eran su única y valiosa compañía. Allí, en la ermita destinada a la perfección de su alma, el santo se encargaba de prodigarles cuidados y bendiciones sin fin.

Año tras año, las iglesias de México acogen a los dueños de animales. En el centro de nuestra ciudad es famosa la misa de las mascotas en la iglesia de San Fernando, lo mismo ocurre en la antiquísima (fundada por los Mercedarios al inicio de la Colonia) Merced de las Huertas, por el rumbo del antiguo Colegio Militar de Tacuba.

Capítulo 8

Días

Día del niño

El 30 de abril es día del niño en nuestro país.

Tiempo atrás, el niño no contaba dentro de la familia ni de la sociedad. Entre una de las razones posibles se halla la demográfica, pues las muertes prematuras no permitían que el niño –sin porvenir posible– tuviera voz y mucho menos voto. La palabra infante se dice que significó: el que no tiene voz, el que no debe hablar.

A medida que se estableció la medicina preventiva y avanzó la ciencia, el niño tuvo mejor porvenir y mayor esperanza de "llegar a ser algo". Los países con mayor higiene progresaron y se dio, a principios del siglo XX, un movimiento a favor de su atención y enseñanza en los primeros años.

El niño alcanzó mayor relevancia y respeto por parte de los mayores. En la actualidad la moda gira también alrededor de la infancia: hay ropa para niños,

mobiliario, libros, alimentos y hasta programas televi-
sivos y películas dedicadas a tan importantes personi-
tas.

El día del niño se celebra en las escuelas con funciones especiales, asuetos y regalitos; en las familias
con atenciones especiales. El niño se abre al mañana,
al futuro, a la esperanza tomado de la mano de sus
padres, familiares, maestros y la sociedad entera, que les
brinda cuidados y se les otorgan los privilegios que me-
recen.

Día del maestro

En mayo, el día 15, se celebra al maestro.

Recomienda el *Talmud*, uno de los libros clásicos
del judaísmo, hacerse de un maestro. Y con razón: el
maestro ha sido, es y será, antes que nada, nuestra
brújula, nuestro guía y especialmente nuestro amigo
más querido.

¿Y por qué precisamente el día 15 de mayo? Hay
quien dice que fue en honor de uno de los primeros
maestros occidentales que dedicó su vida a la forma-
ción de hombres de bien, san Juan Bautista de La Salle
(1651-1719), fundador del Instituto de los Hermanos
de la Doctrina Cristiana.

La idea de que "la letra con sangre entra" para nada
acompaña al maestro sabio. Hoy día, un maestro no es
un tirano a quién obedecer; tampoco una marioneta
en manos de los alumnos. Ingenioso, ágil y eterno es-

tudiante, ayudará al discípulo –como Sócrates con Platón–, a encontrar el diálogo consigo mismo en pos de la verdad.

Un buen maestro será como una comadrona que ayuda a que nazcan las ideas en suelo fértil.

José Vasconcelos y Erasmo Castellanos Quinto, entre muchos otros ilustres mexicanos, son ejemplos del educador sobresaliente.

Día de las madres

El 10 de mayo de 1922 se instituyó el día de la madre. Alducin, del periódico *Excélsior*, reclama el honor del establecimiento de tan especial celebración. Es justo darle crédito a quien propagó por medio de una convocatoria y varios concursos la costumbre de dedicar un día especial a las madres de México.

Se dio difusión al establecimiento de esta conmemoración en forma intensiva por medio de la prensa, en el momento en que se vio como oficial. Desde entonces tomó auge y se arraigó como una de las fiestas tradicionales "para quedarse".

Más allá de todo interés comercial, esta fecha es la perfecta oportunidad para dedicarnos por completo a nuestras madres, abuelas, bisabuelas y aun tatarabuelas en caso de contar con tan feliz presencia.

En México se celebra con fiestas escolares, serenatas al pie del balcón, regalos, flores, invitaciones a comer, aunque muchas de las madrecitas llamadas "abnegadas" prefieren preparar sus mejores guisos en sus propias cocinas.

Día del padre

Tardó en reconocerse la importancia del padre en la familia. Después de algunos años de festejar a la madre, se dedicaron días al maestro y al niño; más adelante, el calendario de la gratitud señaló una fecha para el padre.

La fecha es movible. Se escogió un domingo –el segundo de junio–, dado que la mayoría de los padres cumplen obligaciones laborales los días de la semana; a menos que tengan una plaza de "domingos y días festivos", o que les toque "guardia" en algún campamento u hospital...

Los festejos –salvo los escolares, cada día más numerosos– consisten en decirle a papá cuánto le debemos, cómo le agradecemos y en qué cantidad lo amamos.

Generalmente, los testimonios de palabra y caricias se acompañan de algún presente de manufactura personal, como un cuadrito, un portalibros, una bufanda o un pañuelo con iniciales. Muchas veces se prefiere un objeto comprado, elegido según el gusto y el bolsillo de la familia –y el consejo de mamá–. Estas pequeñas muestras de gratitud y afecto van desde un rastrillo de rasurar hasta una elegante chamarra, pasando por chocolates, libros, billetes de lotería, lociones y corbatas, entre otros.

Con motivo del día del padre, las familias suelen reunirse a comer en casa, donde se prepara algo especial –mole, carnitas, paella–, se opta por concurrir a un restaurante, o bien, por organizar un paseo especial.

Cumpleaños

"Sapo verde" (*Happy "birday"*), o sea, el cumpleaños

> *Cumpleaños feliz,*
> *Cumpleaños feliz*
> *Te deseamos todos,*
> *¡Cumpleaños feliz!*

Dice la coplilla española semejante al "Japi verde" importado junto con la "tarta de velas".

Nosotros cantamos "Las mañanitas" o entonamos el también mexicano saludo coral:

> *Ahora que cumples / un año más*
> *Que estés contento / con tus papás*
> *Y en todo el año / pórtate bien*
> *Y apaga las velas / soplando el pastel.*

¡Mordida, mordida! –agrega una nueva costumbre no muy recomendable según Salubridad, según la Liga Defensora de Niños con Hambre y contraria a la conservación de las buenas costumbres...

Con globos naranjas
y gorros azules,
muchas serpentinas,
amigos y dulces
¡qué alegre el cumpleaños
para que disfrutes!

Un pastel muy rico
–sabor de mamá–
con cinco velitas
que vas a apagar.

Cierto: la piñata
no debe faltar
con dulces y frutas
para festejar.

Más o menos podemos condensar así una de las celebraciones más gratas para un niño, desde "maternal" hasta el fin del tiempo de la escuela primaria.

…Hay paseos con amigos, excursiones, circo u otro espectáculo en honor del festejado con colaboración común de padres y padrinos, abuelos y tíos.

Los quince años

Los quince años se conocen también como los quince abriles o quince primaveras.

En el nombre se encuentra la clave de esta fecha de suma importancia social tanto para la familia como para la festejada; de ahí que "cada quien eche la casa por la ventana" de acuerdo con sus posibilidades.

Primero, con una misa en la iglesia para agradecer los beneficios recibidos. Después, lo indicado para la fiesta: invitaciones, el convite con pastel y el famosísimo baile con chambelanes y música.

Chambelán, del francés, significa literalmente "el noble que acompañaba y atendía al rey en su cámara". En nuestros días, es quien acompaña a la festejada para bailar junto a ella, especialmente el vals. Por supuesto que tendrán que ensayar. Y del ensayo depende el buen éxito de sus pasos.

Para los especialistas en asuntos de etiqueta, los quince años resultan una magnífica ocasión para presentar a la joven de familia en sociedad.

Despedida de soltera

Una de las tradiciones más divertidas es la despedida de soltera, futura mujer casada, mujer de hogar.

Las amigas, parientas, comadres o vecinas, invitadas, por supuesto, al casorio, son las organizadoras del evento.

Ellas, en conjunto, se encargarán de despedir, ingeniosamente y con humor, a la soltera, en vísperas de su enlace matrimonial.

Los chistes, ocurrencias y chascarrillos serán el "plato fuerte" y varían de color:

A veces rosa pálido, otras rojo encendido, dependiendo más de las organizadoras que de la festejada.

Pero eso sí, los símbolos del cambio de estado –de la soltería al matrimonio– no podrán faltar: corazones de todos tamaños, un rodillo para amasar o para recibir al marido trasnochador, un cucharón para menear el guisado, o una regadera para regar las plantas, antes de "regarla", pero en la cocina.

Porque la futura mujer casada habrá de recibir en su despedida una lluvia de regalos para ajuarear el nuevo hogar: trastes, ollas, toallas, incluyendo saleros. Y todo lo que llegue a una casa desprovista, por lo general, de lo más mínimo. Sí, todo para hacer el desayuno, la comida y la cena.

Y también, por qué no, para celebrar alguna futura despedida de soltera a primas, hermanas o amigas; porque siempre habrá una soltera a quién despedir y agasajar.

El matrimonio

En México, el matrimonio religioso sigue al compromiso de bodas, a la despedida de soltera y al matrimonio civil ante el juez de paz.

Los novios abandonan a su padre y a su madre –como dice la Biblia– para conformar un nuevo hogar. Ella viste de blanco, él, de traje oscuro o de *frac*, en medio de la algarabía de familiares y amigos y de innumerables símbolos, como el arroz, magnífico augurio de fertilidad y abundancia.

Varios son los padrinos encargados de abastecer a la pareja de arras, lazo, anillo, ramo y cojines, objetos imprescindibles para el enlace nupcial no sólo físico, sino esencialmente espiritual.

El lazo unirá a la pareja, de manera suave y agradable; el anillo, símbolo de la indisolubilidad del matrimonio en su carácter circular, ocupará el dedo anular o cordial, el que conduce al corazón. Las arras son las 13 monedas que el desposado otorga a la consorte, y recuerdan los tiempos ancestrales cuando el novio pagaba a su futuro suegro en contante y sonante por la novia.

En cuanto al ramo de novia, éste pasará, después de la ceremonia, a manos de alguna soltera esperanzada en encontrar un marido.

Después del sí por parte de los contrayentes, viene, como corolario, el esperado convite según las preferencias y acuerdo entre ambas familias. Y, por último, la luna de miel, nombre derivado de la antigua costumbre de proporcionar miel a los recién casados para favorecer su vitalidad...

5 de mayo
"La Batalla de Puebla"

El 5 de mayo es un día memorable para México, porque en 1862 el ejército mexicano venció al ejército más poderoso de ese tiempo, el de Napoleón III.

Hay diferentes expresiones para celebrarlo; una de ellas es la representación que se lleva a cabo en el Peñón de los Baños, un barrio de la Ciudad de México, cercano al aeropuerto. Allí, algunos de sus habitantes se disfrazan de indios zacapoaxtlas, con calzón y camisa blancos de manta, un sombrero de palma picudo y machete en mano, y se enfrentan a los soldados franceses, con el uniforme que usaban en aquel entonces, en una encarnizada batalla de la que, al final, saldrán ganadores los mexicanos.

En Puebla, por supuesto, se desfila y se conmemora el día con diferentes actos cívicos.

Día de los Niños Héroes

Los Niños Héroes son para muchos un mito, una leyenda, casi un cuento. Sin embargo, su renombre, el de los jóvenes cadetes que mueren en defensa de su patria, resulta no solo difícil, sino imposible de borrar de las páginas de la historia de México.

Cada 13 de septiembre se honra a Juan de la Barrera, Agustín Melgar, Fernando Montes de Oca, Francisco Márquez, Vicente Suárez y Juan Escutia en el

Monumento de los Niños Héroes, localizado en las cercanías del castillo de Chapultepec, entonces colegio militar, donde se dio el encuentro entre las huestes mexicanas y las tropas estadunidenses, estas últimas, encabezadas por el general Scott, que tomaron la ciudad, instalándose en el Molino del Rey.

Hoy día el nombre de las calles aledañas al Molino del Rey llevan el nombre de los generales mexicanos que encabezaron la defensa del lugar, como el general León, el general Zuazo y el general Pedro Antonio de los Santos, entre otros.

El Grito

Nuestra independencia se debe a Miguel Hidalgo y Costilla –entonces cura del pueblo de Dolores–, quien tocó la campana de la iglesia del curato a medianoche para convocar a los feligreses a unirse para romper las cadenas del coloniaje.

La madrugada del 16 de septiembre de 1810 se improvisó el "ejército insurgente", cuya primera bandera fue el estandarte de la Virgen de Guadalupe, que Hidalgo tomó del santuario de San Miguel el Grande, hoy San Miguel de Allende.

Durante el gobierno de Porfirio Díaz –cuyo santo era justamente el día 15– la celebración se "adelantó unas horas" para buscar la coincidencia. Por esa razón, nuestros días patrios son el 15 y 16 de septiembre.

Por tanto, se conmemora el Grito de Dolores en el Palacio Nacional de la capital de la República Mexicana, siendo el presidente en turno quien toca la auténtica campana traída de Dolores Hidalgo, expuesta en una de las torres de dicho palacio. Y haciendo las veces de Miguel Hidalgo, mientras hace ondear la bandera tricolor, el presidente lanza el tradicional grito.

Esta ceremonia se repite en cada una de las ciudades y pueblos donde hay una autoridad reconocida, así como en las embajadas y consulados mexicanos del extranjero. A estos "gritos" asisten las colonias de mexicanos de la localidad.

Capítulo 9

Funerales

Independiente de la situación económica de los deudos y de las creencias religiosas, la tradición se impone, de modo que hay que seguir determinadas reglas casi inmóviles.

El difunto se asea, se perfuma y se viste con su ropa preferida, pues debe tener "buena cara" para las personas que quieran acercarse a saludarlo por última vez. Además, debe estar presentable ante el tribunal del más allá, así como las almas que lo esperan "del otro lado".

No faltan escapularios, medallas, estampitas, fotos familiares, un juguetito de su preferencia si es niño, si es una niña su muñeca, sus trastecitos.

No nos pongamos tristes, la muerte es sólo un paso: alegre para los que sufrían, justo para los que han cumplido, necesario para la continuación –en otras dimensiones– de una vida posterior... ¡nada para los que no creen en nada!

Pero: la separación da dolor.

Dejemos las filosofías y volvamos a nuestro difunto.

Un blanco sudario (sábana bendita) es la envoltura final...

La "caja" funeraria o ataúd va siempre de acuerdo con la posición económica de los dolientes, pero la costumbre marca, simbólicamente el color:

Si es un pequeño, la cajita es blanca.

Para una jovencita, se acostumbra el rosa, si no se ha preferido el blanco con lazos y flores de color.

Un joven requiere el gris...

Los adultos van siempre en ataúdes negros —con "oro" o "plata" para los muy ricos— aunque se escogen con adornos morados.

Si la difunta es una señorita de edad, va en un ataúd gris, como los jóvenes.

El velorio

El velorio siempre se hacía en casa, en la sala, en la recámara o en un espacio preparado al momento. Actualmente también se realiza en los modernos velatorios de las ciudades, ya aceptados por los dolientes. En ellos, por cierto, no faltan las cafeterías, pues la tradición es pasar toda la noche con los familiares, en el lugar del velorio, tomando cafecito, platicando en voz baja y rezando el rosario.

A últimas fechas, en los velatorios, los horarios de la vida actual permiten modificaciones a esta tradición.

Ante las personas conocidas –importantes–, así como los ídolos del pueblo, se montan guardias flanqueando el ataúd y el velorio adquiere gran solemnidad.

Entierro

Después de los servicios religiosos o los discursos de semblanza y despedida, el cortejo parte hacia el cementerio donde será sepultado –o bien, cremado– el difunto.

Los más allegados transportan en hombros el féretro. Una vez en la fosa, una persona señalada arroja los tres puños de tierra tradicionales. Se baja el ataúd y sobre la tumba se colocan los arreglos florales que se llevaron al lugar del velorio: coronas con dedicatoria, canastos y ramos, de acuerdo con el grado de amistad, admiración o compromiso con los deudos.

Novenario

Los nueve días siguientes al sepelio se acostumbran servicios religiosos –particulares o en un templo– en memoria del muerto.

En la zona mixteca, el noveno día se reúnen los dolientes para visitar la tumba llevando réplicas de comida o música y aguardiente para la despedida. En algunas zonas del país, por ejemplo, en el Istmo de Tehuantepec, así como en pueblos del interior, el cortejo se acompaña con marimbas, guitarra u otra música, siempre la preferida del difunto o la de su lugar de origen, si muere en tierra extraña.

En Gómez Palacio, Durango, se pinta con cal una gran cruz bajo la mesa o soportes en que descansa el ataúd. Cuando éste se retira, se barre con devoción la cruz de cal, se guarda en una bolsa especial que se lleva al cementerio para arrojarla con el ataúd a la fosa.

Esa cruz recogió todas las plegarias y buenos recuerdos de los asistentes, así como el perdón que se pidió para el alma del difunto en las diversas oraciones y servicios religiosos.

Exvotos

Cada barrio del mundo azteca (*calpulli*) tenía preferencia por alguna de las advocaciones de sus divinidades:

Huitzilopochtli, dios de la guerra, patrono de los militares, invocado antes de las batallas y "recompensado" con sacrificios...

Tonantzin, nuestra madrecita, abogada a quien las madres imploraban por sus hijos.

Centéotl, diosa del maíz, encargada de las buenas cosechas, en cuyo honor y agradecimiento se hacían danzas rituales y se ofrecían frutas.

Ixchel, la abogada de las madres por ser "milagrosa", determinaba peregrinaciones de mujeres salvadas de un mal parto hasta las islas del Caribe. El gran número de exvotos con figuritas femeninas, encontrados por los conquistadores en toda la isla, le valió el nombre que conserva en la actualidad: Isla Mujeres...

Con el advenimiento del cristianismo, religión oficial de los conquistadores, los misioneros se encargaron de no hacer tan duro el cambio y buscaron equivalencias y sincretismo.

La visión colonial volvió las devociones hacia las nuevas figuras y hubo advocaciones preferidas. Así, el santuario de nuestra Madrecita Tonantzin, hoy es la iglesia de Santa María Tonacintla o Tonanzintla.

Así surgió el barrio de la Merced en el Centro Histórico, la Santa Vera Cruz, frente a la Alameda, los Remedios, el Jardín de Santiago, la Catedral y se adosó el Sagrario sobre los templos anteriores.

Del mismo modo sucede en la Villa, donde se venera la imagen de la Virgen de Guadalupe pintada en la tosca tilma de un indígena.

(Por cierto, hay quienes afirman que se rinde culto a una imagen semejante a la de la virgen de Guadalupe en Extremadura, España, la tierra de Cortés).

Su preferencia y devoción se extendió por toda la República. Por ello, constantemente llegan peregrinos de los más diversos lugares.

Allí pueden escucharse, todo el año, rezos de súplica, de agradecimiento, de alabanza, de admiración y se oyen cantos y aleluyas, plegarias cantadas, himnos conmovedores.

Conjuntos de danzantes indígenas le rinden homenaje ejecutando sus movimientos rítmicos que siguen al tambor y a la chirimía seculares.

Mandas

Las mandas son especies de penitencias. Son los compromisos que una persona adquiere al solicitar ayuda de un santo representado por medio de una escultura, de una imagen enmarcada, o de una estampita, que "escucha su petición".

Las mandas tradicionales son la compra y entrega de "milagritos" (exvotos de oro o plata con figuras diversas). Las misas y otros servicios religiosos también suelen ofrecerse y cumplirse.

Otras mandas son sacrificios personales, como no comer dulces, reconciliarse con alguien que nos ha ofendido, rezar ciertas oraciones por un número determinado de días, visitar un asilo de pobres, publicar el testimonio en el periódico o reconocer el favor por medio de un retablo.

Retablos

Son historias pintadas. Es gratitud manifestada con dibujos sencillos y letreros como de historietas, alusivos al milagro obtenido. Observé uno en que una mano, saliendo del triángulo de la providencia, detiene a un epiléptico que rueda por una escalera.

Hay quien agradece haberse salvado de un ataque emboscado; hay quien manifiesta haberse curado de grave enfermedad...

Aparece una madre –en estilo *Naif*– sacando un niño vivo de un pozo.

Otro retablo muestra dos corazones flechados con nombres. Un milagro que la joven retablista agradece poniendo en la boca de una mujer pintada en su testimonio:

Doy gracias a la virgen
Por "berme" encontentado con mi esposo.

Y firma una devota.

Es notable la colección que se expone en museos y casas de artistas conocidos, como Frida y Diego Rivera.

En la iglesia del Montecito llamado el Calvario, de Amecameca, hay una serie de retablos muy interesantes.

Apéndice

Decires, dichos y refranes

Como comprobaste en este libro, los mexicanos somos muy afectos a valernos de dichos y refranes para darnos a entender, para hablar con gracia y darle movimiento al humor. En todos ellos se cuela el ingenio y la perspicacia del pueblo.

No quisiera hacerte otra lista de ellos con una explicación precisa y lógica, pero tiesa. Te propongo un relato en el que voy usándolos de manera que si los conoces y los recuerdas, los disfrutes; pero si no los has escuchado, puedas interpretar su intención; aunque te diré que no soy el inventor del hilo negro.

Mi viaje

Poco a poco se anda lejos, me dije porque no tenía prisa. Me subí a un carromato *del año del caldo* que pasaba por el pueblo.

Y créete, Chucha, me fue como en feria; tardamos *siglos* y me llevé *una soba de perro bailarín*.

Los asientos *estaban del cocol* y cuando le reclamé al conductor, diciéndole que no servían por viejos, me contestó *enchilado*:

–*Viejo el aire, y to'via sopla...*– y se quedó ufano, tal vez pensando: *me volé la barda* con esa contestación, porque se reía tapándose la boca para disimular.

–*¡Me lleva el tren!* –gritó uno de los pasajeros que parecía estudiante–, esta ventanilla se está cayendo, y aparte, señor, su carrito *huele a león*.

–*Acá las tortas* –lo retó el conductor–, *no por mucho madrugar amanece más temprano*, joven, *no se me esponje*, ahí vamos, *pian pianito, pero llegamos*.

–*Se me hace que te están cotorreando* –terció, entrometiéndose, un muchacho que se la había pasado *sin decir palabra*, sólo *pelando la mazorca*.

–*No me defiendas, compadre... ¿Quién te mete, Juan Copete?* ¡A qué sales con una *mamertada*!

–*Cada gallo canta en su gallinero* –repeló el conductor, como alegando su derecho de palabra por ser dueño del vetusto vehículo.

–*'Ora sí me tocó bailar con la más fea* –comentó el joven estudiante.

Se armó la bronca. Yo me quedé *de a seis*, pero como *el que nada debe, nada teme*, me hice *la loca*, allá ellos...

En menos que canta un gallo, ardió Troya, se dieron en la torre.

Entonces pensé en lo cierto que es aquello de *por la boca muere el pez*, pues sus propias palabras condenaron a esos hombres a pelearse de veras.

Después *se quedaron como momias*, quietecitos y callados; realmente parecían perros *con la cola entre las patas*.

Al fin llegamos a nuestro destino, habíamos tardado tanto que parecía que fuimos *hasta el quinto palo verde*. Yo *ya no podía ni con mi alma*, estaba lacia, desguanzada *como pollo placero, lo que se llama muerta*.

Me quedé recordando los malos modos de aquel estudiante que se veía decente. Pensé que de nada le servía ir a la escuela. Exclamé entonces para mis adentros: *el árbol que no es frutal aunque lo pongan en huerta*.

FIN

¡Qué bárbara!, se me quedaron fuera *un resto*. Trataré de *sacarme la espina* poniéndote unos más, ahora sí *con todas las de la ley* (más o menos explicados).

Espero que no me *pongas como lazo de cochino* cuando comentes mis *puntadas*. Y *va de nuez* (de nuevo).

Fíjate que *al chavo que tú sabes se le alborotó el chincual* (tuvo ganas de divertirse sin medida) y como es *botarate* (muy gastador) *se quedó en la calle* (sin nada); sí, *en la calle y sin llavín* (sin quién lo ayude), *pobre cuate*.

Agarró chica papalina (una tremenda borrachera) que *pa' qué te cuento*, estaba *¡hasta las chanclas!*

Como su *carnal no tiene pelos en la lengua* (habla sin temor), le dijo *hasta de qué se iba a morir.*

El *chavo* se quedó *patitieso* (sorprendido), pues a él nunca *le había leído la cartilla,* pues lo quiere *bastante* (en exceso).

–¿Y luego?

–Eso ya es *harina de otro costal. Ahí nos vidrios...*

–*No me la hagas de tos...*

–*Órale... Chance alguna vez* has dicho o has oído: *Camarón que se duerme, se lo lleva la corriente.*

A grandes males, grandes remedios.

El que es perico dondequiera es verde.

Nota: *Nunca segundas partes fueron buenas.*

Ni módulo, dijeron los astronautas.

TAN, TAN.

COLECCIÓN CULTURAL

A calzón amarrado
Atrapados en la alcoba
Atrapadas en la casa
Atrapadas en la escuela
Atrapados en la escuela
Atrapados en la Historia
Cada quién su cuento
Cementerio de trenes
Cuentos Fantásticos de Arabia
Cuentos Fantásticos de China
Cuentos Fantásticos de la India
Cuentos Fantásticos hebreos
Días de pinta
Encuentros y desencuentros
Frases célebres de ricos y famosos
Gracias a la gente
Leyendas mexicanas
Mejores frases célebres, Las
México de mis amores
Nuevo refranero popular mexicano
Otra Mitad, La
Palabras de mujer, cuentos, relatos,
mitos y memorias
Pintas, frases de expresión urbana
Poder de los Trolls, El
Poesía popular mexicana
Poquianchis, Las
Refranero popular mexicano
Sin pelos en la lengua
Tradiciones de México

COLECCIONES

Belleza
Negocios
Superación personal
Salud
Familia
Literatura infantil
Literatura juvenil
Ciencia para niños
Con los pelos de punta
Pequeños valientes
¡Que la fuerza te acompañe!
Juegos y acertijos
Manualidades
Cultural
Medicina alternativa
Clásicos para niños
Computación
Didáctica
New Age
Esoterismo
Historia para niños
Humorismo
Interés general
Compendios de bolsillo
Cocina
Inspiracional
Ajedrez
Pokémon
B. Traven
Disney pasatiempos
Mad Science
Abracadabra
Biografías para niños
Clásicos juveniles

Esta edición se imprimió en Mayo 2014. Impre Imagen, José María
Morelos y Pavón Mz 5 Lt 1 Col. Nicolás Bravo Ecatepec Edo. de Mex.